盧恩

初 階 占 卜 手 冊

Runes
enrich your life.

陳文容　著

盧恩符文 推薦序

要為本書寫序，心存感激，請示開文如下：

『 何得人心安，知己心中欲，
 何得事無礙，知人心中求，
 何得活歡喜，知理如何轉，
 靜心思卜文，脫苦到彼岸。』

　　從上文中啟示告訴我們如何能走出無常迷惑，得到智慧處理塵世事，如何知人知心知理可能需要一些啟示來參透得知，從古到今，不論各種文化都有不同的占卜方法如易經、占星術、塔羅牌等，每種方法皆有其理論架構來推論出結果。

　　盧恩符文占卜就是其中一種古老的方式，它來自於北歐的神話，將盧恩符文用於對日常生活的解惑、祈福與保護，因其擁有與宇宙和大自然連結的力量，因此也能運用被賦予在神奇力量的應用。

　　本書內容前半部主要是讓大家對二十五個符文能對內在及其所表達的資訊有基本了解，後半部透過生活上的各種情境來討論實際應用，使大家能有啟動的力量，祝大家順心無憂，但在應用時要保持靜心，靜心為學習的基礎、智慧的泉源！

黃照 謹序筆於為恭
2022.06.28

盧恩符文 推薦序

關於占卜，我在小學五或六年級時，發現舅媽有一套占卜書（一本書就搭配一組占卜牌），是教導大家如何使用各種占卜牌。印象中是台大教授出版的一系列牌卡占卜書，那時是我第一次接觸到西洋占卜，我很好奇為何高學歷的教授會相信無法用科學驗證的占卜術？

後來我特別跟舅媽要了兩本，一本是 52 張撲克牌占卜書（印象中書中稱為小塔羅牌），一本是現在常見的塔羅牌占卜書（印象中書中稱為大塔羅牌）。在暑假期間我看書自學後的唯一結論就是「占卜與個人直覺力有關」。

2008 年發生金融海嘯後，遠在美國的金融事件很快就導致台灣各產業的失業率攀升，那時我生活忙碌中隱隱約約感到自己正往目標前進，但又有點像無根浮萍一樣不踏實的感覺。所以在此之後的我曾學習了一些易經占卜的方式，我發現占卜結果很像是映照內心的鏡子，把原本我心中模模糊糊的想法，或是我不太想面對的想法，忠實地且直白呈現在我的面前。

跟電影《臥虎藏龍》的玉嬌龍能習武成功相反，初學者學占卜都是依字，但是高竿的占卜者都是依圖。易經占卜的文字是文言文，多數人在文字理解上有困難，而且對於易經占卜的圖像也缺乏想像力。就難從占卜中看得更深、更廣。

盧恩符文的文字與圖像很直觀，如果你是初學者，想要占卜輕鬆上手、占卜快又準，你就要看此書《盧恩初階占卜手冊》。

　　推薦人：台灣學習力訓練師、心智圖天后　胡雅茹

目錄

第一篇

盧恩符文與其意義

第二篇

常見的占卜主題 與 盧恩符文對應解說

後記

前言

　　生活上總是會有許多的迷惘，總是想找出一個方向，得到一個答案。對自己有許多不了解的事物，對感情、對事業、對未來、對身體健康、對理財規劃…等，也有許多想更進一步的了解。

　　占卜是從古至今，人們始終不變熱衷的事物。盧恩符文占卜就是其中一種古老的方式，它來自於北歐的神話，是塔羅牌的前身。對盧恩占卜，世人還有許多的不解，其也帶了一絲絲的神秘。但藉由盧恩符文占卜的方式，可以釋放憂傷、走出迷惘，並提升自我的潛能啟發，它是我們的朋友，也是我們人生的最佳夥伴。

　　透過盧恩，你也可以與神對話！

盧恩簡介

　　盧恩符文是古代北歐一種表現大自然力量與狀態的符號，也是古代北歐人（今日挪威、丹麥、瑞典三個國家）使用的語言，是一種象形的文字系統，稱為「古北歐語」。盧恩符文這種象形文字，也稱古北歐文。

　　古代不僅將盧恩符文用於對運勢生活的祈福與保護，也會被賦予在神奇力量的應用，亦是運用在魔法和儀式的記號。盧恩(Runes)是因其擁有與大自然連結的力量，所以學者認為盧恩符文不是單純的文字。

　　盧恩符文是由北歐神話衍生而來，本書就不再細述。

如何使用本書

正確的使用盧恩符文是可以跟大自然力量有所接觸，靜下心來感應，是可以透過盧恩接收宇宙的資訊。

本書內容主要是導引如何讓盧恩走進我們的生活，如何幫助我們面對生活上的問題。它也可以協助我們洞悉真實的內在，透過無聲的信息來強化更好的自己。

為了讓大家對二十五個符文能有深刻的印象，我們特別精心設計符文的聯想簡圖，以便直觀式的了解盧恩符文的基本內在及其所表達的資訊。本書亦選了十二個常見的生活問題，讓閱讀者能深入淺出的運用與練習。

任何的技能都需要持續性的練習及大量廣泛的運用。本書是屬於初階的工具用書，便於初次或對盧恩尚不熟悉的朋友方便查閱。

相信透過本書，你也可以觸類旁通。透過盧恩，你也可以與神對話！

基礎盧恩抽牌解說

盧恩抽牌、取牌方式大致分為感應法、抽取法、傾倒法、投擲法：

A. **感應法**

顧名思義，摸取最有感覺的那一顆。

B. **抽取法**

將全部盧恩放置容器中，詢問完問題，請求上天指引抽取符文。

C. **傾倒法**

準備本書所附之附件圖紙，詢問完問題，傾倒前先定義說傾倒後取哪部分的哪一顆。

（※也可運用在地圖、人體構造圖…等）

D. **投擲法**

準備本書所附之附件圖紙，詢問完問題，抓取九顆投擲在圖紙上，依據看的到、蓋起來、距離中心遠近、符文距離遠近…等進行綜合占卜。

（※也可運用在地圖、人體構造圖…等）

盧恩符文材質及淨化解說

　　在使用之前，不論是拿新的或舊的盧恩符文都請先確認 25 顆是否齊全，符文是否都完整。以未經加工的大自然素材、耐碰撞且容易取得的相同材料為首選。

　　取自大自然的素材是因為盧恩是與大自然的能量相結合，與宇宙相連接。材質、養牌及淨化方式。常見的有木質（木片、竹片、木頭）、石頭、水晶…等。

A. 木質
1. 在收到新的木質盧恩符文時，請將每片符文靜靜地握在手裡靜心連結，感謝它的到來。
2. 占卜時，符文全部覆蓋，以洗麻將方式進行洗牌，因有正反面所以容易區分。
3. 木質盧恩放在陰涼處通風自然淨化即可。

B. 石頭
1. 石頭的符文是一般最常選用的材質，在收到新的石頭材質盧恩符文時，請先曬太陽一個禮拜至一個月後，再將每顆符文靜靜地握在手裡靜心連結感謝它的到來。
2. 占卜時，符文放於袋中或容器中，通常會用非慣用手摸取最有感覺的符文。
3. 淨化方式：曬太陽一個禮拜至一個月。

C. 水晶

與石頭占卜方式一樣，養牌及淨化皆同樣方式，但因洗牌碰撞，水晶容易產生破碎，所以多為蒐藏性質居多。

第一篇

ᚠᚢᚦᚨᚱᚲᚷᚹᚺᚾᛁᛃ

盧恩符文
與其意義

ᛈᛇᛉᛋᛏᛒᛖᛗᛚᛜᛟᛞ

豐饒 Fehu 飛虎

財富權力的表徵，獨立又神秘。
象徵王者的符文，
如電影魔法公主裡的山獸神一樣，
擁有能量卻孑然一身，冷靜卻略顯孤獨。

是生氣蓬勃的象徵，綠意盎然！

和風吹拂，在鬆軟的地上冒出了初探大地的綠芽，
初生的枝芽慢慢地向上一節一節的伸展，
喚醒著惺忪睡眼的片片新葉，
也向下努力的植根沃土，蒂固根深。
無畏陽光的炙烈，無畏風雨的考驗，
執著向上，屹立挺拔。

豊饒 Fehu 飛虎

力量 Uruz 烏魯茲

急躁、情緒控管不易。

這個符文像是野牛的角，
也像小刀刀片。

野牛的蠻橫、刀子的銳利，
都會讓你一不小心就傷到旁人。

如穩固的支架、門框。

力量 Uruz 烏魯茲

12

雷神 Thurisaz 瑟萊薩茲

風雲人物。

像武器的符文
（如：雷神之鎚）

為黑暗中帶來一道亮光。
願為弱小伸出援手，
卻又不讓任何人接近。

行為衝動、義氣當前、
兩肋插刀、為大義拋棄兒女私情，
雖是有情亦是無情。

雷神 Thurisaz 瑟萊薩茲

奧丁 Ansuz 安蘇茲

符號像電線杆。

是訊息的傳遞者，
是資訊之王。

能力強，使命必達，
擁有許多資源卻不近人情，
擁有智慧卻不懂變通，
自我意識過高不懂檢討，
時常忽略周遭人的事情，
是拼命三郎個性。

軍師、獨行俠。

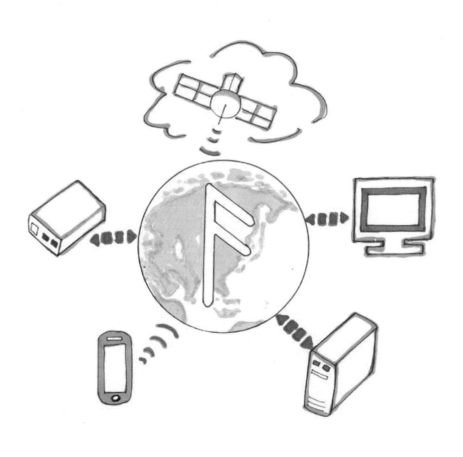

奥丁 Ansuz 安蘇茲

使徒 Raido 瑞斗

四處交友。

符號像在大地上四處漂泊，
居無定所的旅人。

也像是四處奔走傳達訊息、
考察市場的使者。

使徒 Raido 瑞斗

烈火 Kenaz 肯納茲

希望、溫暖與光明的象徵。

火炬溫和、
充滿正面積極向上之能量，

給別人光亮，
也指引自己前方的道路。

烈火 Kenaz 肯納茲

奉獻 Gebo 吉福

甘願做、用心付出。

上天的禮物，Give（給予）

任何難關都能克服，
有好消息發生。

奉獻 Gebo 吉福

歡愉 Wunjo 溫究

符號就像迎來勝利的旗幟。

符文也像英文的 P，
可以理解為
英文的 Pleasure 歡愉、樂趣。

放鬆、開心。

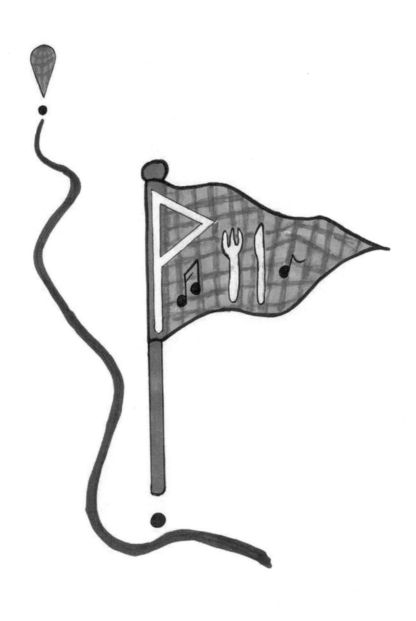

歡愉 Wunjo 溫究

ᚺ

颶風 Hagalaz 海格爾

調整心態，重新建立。

符號就像颶風一樣
擁有巨大破壞的力量，
如可控制，反而是助力。

颶風 Hagalaz 海格爾

需求 Nauthiz 諾瑟斯

尋求依靠。

符號像拐杖從中間斷掉了一樣，
就像在艱困的環境中，
唯一的支柱也斷裂。

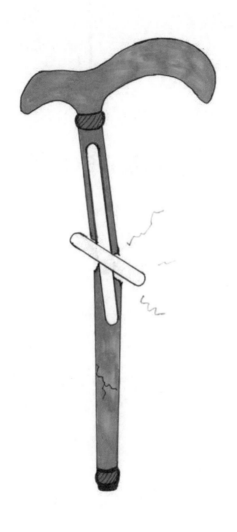

需求 Nauthiz 諾瑟斯

冰雪 Isa 意沙

停止的訊號。

凡事停滯不前，無任何進展，
要打破困境需要時間等待或機緣來臨。

像靜止的冰柱極其美麗，
靜靜地等待融雪季節的來臨。

冰雪 Isa 意沙

豐收 Jera 傑拉

努力後的成果，迎來好消息。

符文像是兩隻手牽在一起的感覺，
就像阿美族豐年祭一樣。

大家敞開心胸，
不管認不認識都可以牽手、
開心地跳舞慶祝。

豐收 Jera 傑拉

紫杉 Eihwaz 艾斯華茲

溝通。

兩端如同鉤子作為兩端連結的橋樑。

就像是另一個空間、世界連接的管道，
是溝通的管道。

對應著中脈七輪的頂輪。
（七輪的頂輪在平衡時是以紫色呈現）

紫杉 Eihwaz 艾斯華茲

聖盃 Perthro 波斯若

內在轉變。

把這符文轉個角度 ⋝⋜，像是一種盛裝的器皿。

很多事情正在醞釀中（是好的發展），
其中調味是自己可控制的，
但若鍋子打翻，所有調味毀於一旦，
試著補救能有機會救回。

聖盃 Perthro 波斯若

保護 Algiz 亞吉茲

不易親近。

符號像保護的工具，
捍衛家園，抵抗敵人，
較有戒心。

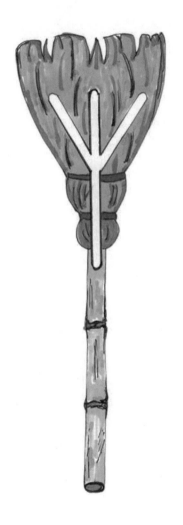

保護　Algiz　亞吉茲

太陽 Sowilo 索威魯

充滿能量。

兩個烈火「〈」的符文組合。

像太陽般充滿能量的照耀大地。
代表著成功與愛，受到大家的注目。

在古代的圖騰裡
象徵太陽烈焰的紋路。

太陽 Sowilo 索威魯

戰神 Tiwaz 泰華茲

勇氣十足。

擁有無比的勇氣
去迎接挑戰及難關，
不要猶豫，往前邁進。

如戰士常使用的武器：箭、鎗。

戰神 Tiwaz 泰華茲

生育 Berkanan 伯卡納

溫柔、耐心、好人緣。

符號像懷孕的母親，也像兩座山峰，
有如生育一樣會有辛苦的過程，
意味著重新審視目標。

與它意義聯想的單字
如 Breast、Bra、Beauty、Born、Baby …等，
是象徵女性的符文。

生育 Berkanan 伯卡納

神駒 Ehwaz 愛華茲

活潑、好動。

這個符文像是英文的 M，
牠是一匹集靈性與聰明才智於一身、
腳踏實地的「神駒」。

有計劃有目標的執行，
有逐步發展和穩定進步的寓意。

有靈性的神馬。

神駒 Ehwaz 愛華茲

人類 Mannaz 美那茲

人心難測。

複雜→人心難測，
複雜的程度，有時連自己也猜不透自己。

是象徵男性的符文。

像是脖子上打了一個領結。

人類 Mannaz 美那茲

水 Laguz 拉格茲

捉摸不定。

水沒有一定形狀，但本質是不變的。
可變化成各種型態，卻又不固定。

像從地下噴出來的水，
直直噴出，從旁落下。

水 Laguz 拉格兹

天使 Ingwaz 英格茲

圓融、八面玲瓏。

成功結局。

這是一個象徵大豐收的牌。
過去的辛勞，都轉化回甜美果實
呈現給付出過努力的自己。

撲克牌裡的◇鑽石。

天使 Ingwaz 英格兹

家庭 Othala 歐瑟拉

宅男宅女。

符文就像用雙手保護自己家人，
責任心重，為了家庭願意付出一切。

像將雙手合掌，
五指併攏後拱起的形狀，
賜予愛與呵護的感覺。

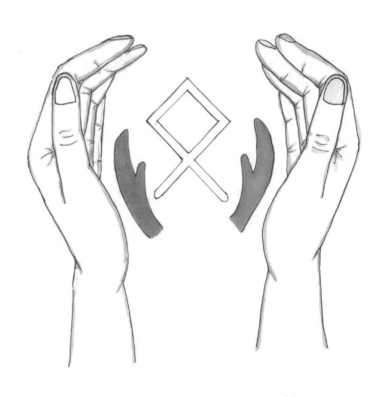

家庭 Othala 歐瑟拉

黎明 Dagaz 達加茲

無限循環。

符文像無限循環的標誌，
是開始也是結束。

事情反覆重演，
是好還是不好只在一念之間，
好的方向是越來愈強大，
壞的方向是越來越糟糕。

這表示同一件事情，
一直重複、毫無間斷。

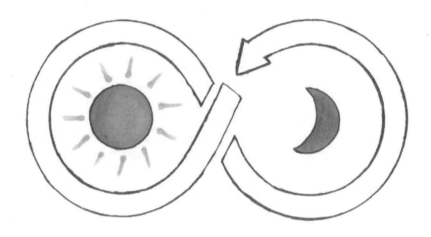

黎明 Dagaz 達加茲

宇宙 Ward 沃德

單純、心態歸零。

無限可能，
代表什麼都有，也可能什麼都沒有。

萬物的起源，
最原始、最純真的時候，
也代表沒想法，隨波逐流，
但卻能發展出上千萬的方向。

腦袋空空，
或者空是回到最初甚麼都沒有的狀態，
或還沒有開始的狀況，就像一張白紙。

宇宙 Ward 沃德

第二篇

ᚠᚢᚦᚨᚱᚲᚷᚹᚺᚾᛁᛃ

常見的占卜主題
與
盧恩符文對應解說

ᛈᛇᛉᛊᛏᛒᛖᛗᛚᛜᛞᛟ

1.我適合創業嗎?

陣法介紹

☆★☆★☆★　占卜注意事項　★☆★☆★☆

一事不多占
多事不一占
啥事要清楚
期限要說明
跟隨心念轉

不窺探他人隱私

★☆★☆★☆★☆★☆★☆★☆★☆★☆★

簡易占卜法一

◆使用非慣用手，隨機抽取。

◆適用狀況：隨時。

◆有效期限：依問題而定。

簡易占卜法二

◆使用非慣用手依序抽出符文石。
◆取出後不放回已抽出的符文石。
◆適用狀況：隨時。
◆有效期限：依問題而定。

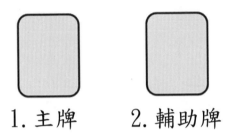

1. 主牌　　2. 輔助牌

◆範例
　我現在適合創業嗎？

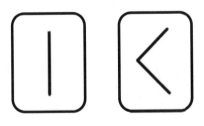

解：
現在創業是最壞的時間點，建議不要急，再等等，千萬
不要氣餒，不要澆熄你創業的熱情，等時機成熟時，天
時地利人和皆俱足，或隔三個月後，若還有想創業，可
以再占卜一次看看是否有新的變化喔！加油！

簡易占卜法三

◆使用非慣用手依序抽出符文石。
◆取出後不放回已抽出的符文石。
◆適用狀況：隨時。
◆有效期限：依問題而定。

1.主牌　　　2.輔助牌　　　3.建議牌

◆範例
　　我適合跟OOO一起創業嗎？

解：
表面上看起來你已經努力準備好了，現在看起來也正是
天時、地利、人和俱足的創業好時機，但是就合作來說，
你們每個人都各有心思，有關合作創業的這件事，你要
不要再想清楚些？建議你可以再問個題目：『是否獨資
創業會更好呢？』

簡易占卜法四

◆將袋裡所有的符文石放在手上
◆將符文石散落在同心圓（請使用書後附贈之A4大小同心圓）
◆依據定義將落入同心圓最多的符文留下（如下頁範例）
◆適用狀況：隨時。
◆有效期限：依問題而定。

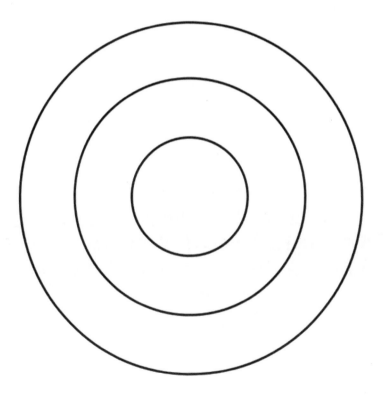

同心圓（示意圖）

範例

我適合往哪個方向創業?(開店)

定義圖中心點是住家,上面是北方,下面是南方,右邊
是東方,左邊是西方

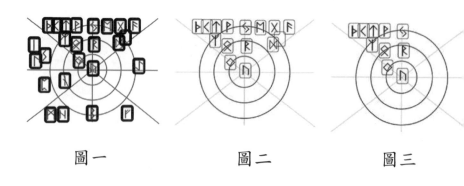

圖一   圖二   圖三

解:

從圖一的落點來看,全部 25 個符文石,主要落在北方,
再將其他位置的符文石拿掉就更明顯,所以向北方創業
是最好的方向,東北及西北觀之,西北的符文石更多於
東北方的符文石,所以創業可向北前進,西北比東北方
會稍微更有利些,但整體的大方向是不變的。

ᚠᚢᚦᚨᚱᚲᚷᚹᚺᚾᛁᛃ

盧恩符文
對應解說

ᛇᛈᛉᛊᛏᛒᛖᛗᛚᛜᛟᛞ

豐饒 Fehu 飛虎

財富權力的表徵。

象徵王者的符文，
如電影魔法公主裡的山獸神一樣，
擁有能量卻孑然一身，
冷靜卻略顯孤獨。

我適合創業嗎？

創業適合度 80%～90%

因為擁有王者之相，在運作時雖有強者的能力，也要積極接近人群，多了解市場狀況，靜下心思考，才不會因為過於固執而影響了創業的前景。若要與他人合作，你孤冷的個性要適時的調整一下喔！

力量 Uruz 烏魯茲

這個符文像是野牛的角，也像小刀刀片。
能量充沛、霸氣十足，責任感強，
但是野牛蠻橫、刀子銳利，
都容易不小心就傷到旁人。

我適合創業嗎？

創業適合度 30%～40%

雖然個性像英勇的武將，重情重義，愛恨分明，為愛奉
獻自我，防衛心重，卻耳根子軟，思考稍嫌不全。

在創業之前建議要先改一下自己易怒的脾氣，學會情緒
控管。創業不是小事，是要永續經營的，若不懂變通，
不分青紅皂白看不清事實，創業易誤事喔！

▷ 雷神 Thurisaz 瑟萊薩茲

像武器的符文（如：雷神之鎚），
為黑暗中帶來一道亮光。

願為弱小伸出援手卻又不讓任何人接近，
行為衝動，義氣當前，兩肋插刀，
為大義拋棄兒女私情，
雖是有情亦是無情，
易信親友，欠缺思考。

我適合創業嗎？

創業適合度 40%～60%

擁有很強專業知識的你，可做技術上的領導。建議在創業時集結大家的意見與論點時，千萬別將自己的要求或想法過度地強壓給他人，帶人要帶心，要人際和諧才能走得長長久久，創業的成功率才會提高喔！

奧丁 Ansuz 安蘇茲

符號像電線杆，
是訊息的傳遞者，可說是資訊之王。
雖然工作能力強，使命必達，
擁有許多資源卻不近人情，
擁有智慧卻不懂變通，
自我意識過高不懂檢討，
時常忽略周遭人的事情，是拼命三郎個性。

我適合創業嗎？

創業適合度 80%～85%

你可以說是資訊之王，因為擁有許多的資源有了創業強大的野心。若是獨資你會是厲害的獨行俠。但在創業的合作上，你反而做軍師的角色會更優於當負責人。

雖然工作能力強，擁有許多資源且使命必達，但別忘了人脈也是錢脈，只要在人際上多下點功夫，相信你也可成為 100%的王者。

使徒 Raido 瑞斗

符號像在大地上四處漂泊，
居無定所的旅人。
也像是四處奔走傳達訊息、
考察市場的使者。

我適合創業嗎？

創業適合度 60%～70%

你就像旅人一般四處漂泊，比較容易居無定所，所以你在創業之前，要考慮自己想做的是什麼樣的性質？什麼樣的行業？

例如：物流業、交通運輸業、流動攤販、旅行業、代銷團隊…等，四處奔走的行業，才會比較合適。

否則你的創業會變成四處居無定所一般，無法穩定喔！

烈火 Kenaz 肯納茲

是希望、溫暖與光明的象徵。

充滿正面積極向上之能量，
溫和有耐心，富有同理心，
具有相當毅力，就算身陷困境依舊不放棄希望。

我適合創業嗎？

創業適合度 90%～100%

對創業有 100%的熱情，只要是所喜歡的行業，自然就可努力前行，如果有紮實穩固的基礎，創業的成功率相對會提高許多。

即使遇到阻礙你也能從危機中找到轉機，相信在創業的路上，可以一直看到你 100%正面積極的熱忱，加油！

奉獻 Gebo 吉福

上天的禮物，Give(給予)，
任何難關都能克服，
有好消息發生。

我適合創業嗎？

創業適合度 80%～90%

適合合夥創業，彼此高度的配合齊心協力互相扶持，能
讓創業如魚得水。

但卻不適合獨資，常常過度勞累忽略了自己，缺少了他
人的協助，容易心有餘而力不足，反而容易創業失敗喔

歡愉 Wunjo 溫究

符號像迎來勝利的旗幟，
但這只是中途站，
不是終點旗幟。

我適合創業嗎？

創業適合度 50%

感覺創業可以開始了，但實際上還沒有準備好，只完成了一半，創業的基本條件還未俱足。

趁現在稍微做適時的調整，已經邁入折返點了，再加把勁，創業的機緣已一點一點的更靠近了喔！

颶風 Hagalaz 海格爾

符號就颶風一樣
擁有巨大破壞的力量，
如可控制，反而是助力，
也代表事情是一體兩面。

我適合創業嗎？

創業適合度 55～75%

這適合大範圍重建或汰舊換新快速的行業，如：建築重建、室內設計、園藝造景、潮流設計、舞台搭建、廣告媒體…等，有重生之意的行業。

若剛好面臨到創業中的窘境，那這代表是時候好好大整頓，打破現在的局面及限制，重新思考架構新未來。

需求 Nauthiz 諾瑟斯

符號像拐杖從中間斷掉了一樣，
就像在艱困的環境中，
唯一的支柱也斷裂。

我適合創業嗎？

創業適合度 0%～20%

這時創業除了憑藉自我意志力度過難關，還需要祈求上天的幫助。如此的艱難，你還想執意創業嗎？

冰雪 Isa 意沙

沒有行動力，停止的訊號。
凡事停滯不前，無任何進展，
要打破困境需要時間等待或機緣來臨。

我適合創業嗎？

創業適合度 0%

現在創業是最壞的時間點，建議不要急，再等等，天時、
地利、人和對創業來說也是很重要的喔！

豐收 Jera 傑拉

符號就像麥穗實累之豐年祭上，
大家手拉著手圍著圈
一起熱鬧歌舞。

忙碌但業績好。

我適合創業嗎？

創業適合度 85%～99%

努力準備了好久總算迎來好消息，現在正是天時、地利、人和俱足的創業好時機，開幕就很忙碌，會有不錯的業績喔！

紫杉 Eihwaz 艾斯華茲

兩端如同鉤子
作為兩端連結的橋樑。
就像是另一個空間、世界連接的管道。
是溝通的管道。

我適合創業嗎？

創業適合度 70%～90%

這個創業較偏向溝通相關性的行業，如：房屋仲介、加盟店、經紀商、管理顧問、心靈諮詢、禮儀公司…等，都很合適。

聖盃 Perthro 波斯若

把這符文轉個角度 ，像是一種盛裝的器皿。

很多事情正在醞釀中（是好的發展），
其中調味是自己可控制的，但若鍋子打翻，
所有調味毀於一旦，試著補救能有機會救回。

我適合創業嗎？

創業適合度 70%～80%

看起來你還沒有真正想好要哪種的創業，先想好，準備好，就像在烹調時要先把材料都準備好，才開始耐心一步一步的料理。

烹調的相同思考邏輯套用在創業，也是要耐心等候的喔！

若創業已出現了問題，還是可以試著補救，能有機會救回的。

保護 Algiz 亞吉茲

有很強大的保護性質。

捍衛家園，抵抗敵人，較有戒心。

我適合創業嗎？

創業適合度 40%～60%

是個很有戒心的創業者，相對的也比較守舊，創業會偏向傳統產業。

建議創業要把自身的經驗、思維，轉化成與時俱進的經營模式，保有純良的技術，這樣在創業的道路上才會比較有機會成功喔！

太陽 Sowilo 索威魯

充滿能量，
像太陽般的照耀大地。
代表著成功與愛、受到大家的注目。

我適合創業嗎？

創業適合度 90%～100%

創業很順利且完美地朝成功方向邁進。但要注意，小心
鋒芒太露反而會過於引人注目。因為攤在陽光下是很容
易被檢視、刁難的，當紅時要謹言慎行，適時的回饋社
會喔！

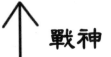 # 戰神 Tiwaz 泰華茲

擁有無比的勇氣去迎接挑戰及難關，
不要猶豫，往前邁進。

強烈的創業動機，企圖心強。

我適合創業嗎？

創業適合度 85%～95%

創業本不易，有強烈的企圖心是很重要的，在第一線披
荊斬棘的同時，也要記得照顧自己的身體喔！

生育 Berkanan 伯卡納

符號像懷孕的母親，也像兩座山峰，
有如生育一樣會有辛苦的過程，
意味著重新審視目標。

我適合創業嗎？

創業適合度 50%～65%

創業要耐心且心平氣和的概括承受各方面的指教，有如生育一樣會有很辛苦的過程，也如同爬山一樣的疲累。

重點是→這不是只爬一座山，而是爬兩座山喔！

想創業的你，要不要再想清楚些，重新轉換方向或等待更好的時機呢？

神駒 Ehwaz 愛華茲

這個符文像是英文的 M，
牠是一匹集靈性與聰明才智於一身、
腳踏實地的「神駒」。

有計劃、有目標的執行，
有逐步發展和穩定進步的寓意。

我適合創業嗎？

創業適合度 85%～95%

創業有想法，目標明確且有很強的執行力，活力滿滿，
凡事講求效率，是能在短時間內就衝上軌道的能者。

在創業上軌道後，別忘了時刻保持著正向的能量，適時
關懷身旁的朋友與家人，也不忘創業的初衷喔！

人類 Mannaz 美那茲

複雜→人心難測，
複雜的程度，有時連自己也猜不透自己。

我適合創業嗎？

創業適合度 20%～40%

創業有難度，連自己想做什麼都不是那麼的明確。

若還有其他合夥的人，人多問題就更加的複雜，每個人都各有心思，先求目標一致之後，再討論如何進行，現在不是創業的最佳時機喔！

↑ 水 Laguz 拉格茲

水沒有一定形狀，但本質是不變的。

可變化成各種型態，卻又不固定，
看似風趣實則花心，
點子天馬行空、創意無限、創新的想法和思維，
可塑性很高。

我適合創業嗎？

創業適合度 60%～70%

跟水產或藝術、設計性、廣告相關的產業，都會有不錯的發展，也能輕鬆的創造與交流。

創業時要記得隨時突破現有的框架，也要小心用錢，不要太豪邁的任意花費，免得錢就像丟進水裡一去不回喔

天使 Ingwaz 英格茲

成功結局。
這是一個象徵大豐收的牌。
過去的辛勞，都轉化為甜美果實，
呈現給付出過努力的自己。

我適合創業嗎？

創業適合度 10%～30%

過去的辛勞，現在已成甜美豐收的結局。但在這個時間點看別人都在創業，自己也想來做一番事業，你是要玩玩？還是已經準備好了呢？如果創業的計畫及資金都已經準備好了，那你就做吧！

如果什麼規劃都沒有，千萬別在這時把過去的豐收化整為零喔！

家庭 Othala 歐瑟拉

符文就像用雙手保護自己家人，
責任心重，為了家庭願意付出一切。

我適合創業嗎？

已有家族事業，自己創業適合度：0%～10%
你做任何事情前會先考慮家人想法及狀態，如果已有家族事業，守著或繼承家族事業就好，何需自己去創業？

沒有家族事業，自己創業適合度：30%～40%
如果沒有家族事業可繼承，又想要創業的你，建議先跟家人共商大計，有家人的支持與協助，你才會做得更好喔！

黎明 Dagaz 達加茲

看著符文，是不是很像無限循環的標誌呢？
是開始也是結束，事情反覆重演，
是好還是不好只在一念之間，
好的方向是越來愈強大，
壞的方向是越來越糟糕。
這表示同一件事情，一直重複、毫無間斷。

我適合創業嗎？

創業適合度 0%～20%

生活本來就有許多的事，一直不斷地牽引著我們，創業是需要堅持與勇氣來不斷突破困境。與其想創業，不如說你更適合規律的生活。

建議創業之前，先審視自己的個性、做事的態度及生活的狀況。有關創業的這件事，你要不要再想清楚些？

宇宙 Ward 沃德

無限可能，
代表什麼都有，也可能什麼都沒有。

萬物的起源，
最原始、最純真的時候，
也代表沒想法，隨波逐流，
但卻能發展出上千萬的方向。

我適合創業嗎？

創業適合度：未知

雖然這是個重新開始的時候，但不見得一定非選擇創業這條路，有時去做進修、短暫一兩個月的休息，都是不錯的選擇，先靜心思考人生的未來方向後，你再決定是否要做創業的規劃，建議三個月後再用盧恩占卜一下。

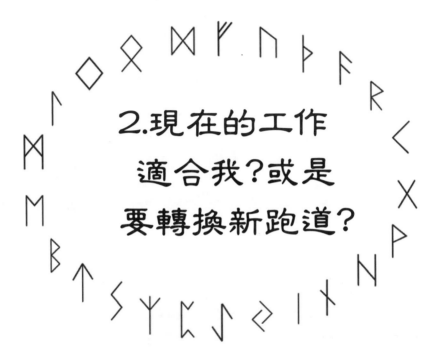

2.現在的工作
適合我?或是
要轉換新跑道?

陣法介紹

☆★☆★☆★　　占卜注意事項　★☆★☆★☆

一事不多占
多事不一占
啥事要清楚
期限要說明
跟隨心念轉

不窺探他人隱私

簡易占卜法一
◆使用非慣用手，隨機抽取。
◆適用狀況：隨時。
◆有效期限：依問題而定。

簡易占卜法二

◆使用非慣用手依序抽出符文石。
◆取出後不放回已抽出的符文石。
◆適用狀況：隨時。
◆有效期限：依問題而定。

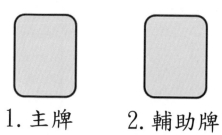

1. 主牌　　2. 輔助牌

◆範例
　我現在適合轉職嗎？

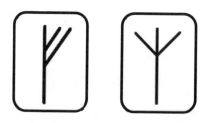

解：
你的能力很強，領導、支配、掌控力都很好，工作上很
有警戒心。只要保有純良的技術，不只是專注在自己的
領域中，學習把自身的經驗、思維重新的反思與融合，
學會利他、成就他人，自然更能創造出新可能。顯然你
在現有的領域已表現的很好，何必想著要轉職呢？

簡易占卜法三

◆使用非慣用手依序抽出符文石。
◆按自訂的時間週期抽取時，同一週期不放回
　已抽出的符文石，但新週期要全部放入重新
　抽取。
◆適用狀況：隨時。
◆有效期限：依問題而定。

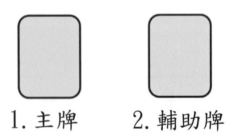

1.主牌　　　2.輔助牌

◆範例
　『我什麼時候可以找到適合的工作呢?』
　　→按月抽取

本月　　　　　　次月　　　　　下下個月

解：
近期你的轉職運不錯喔！本月就有很好的新工作出現，
建議把握住這個月的機會，一開始工作就有不錯的展現

簡易占卜法四

◆將袋裡所有的符文石放在手上
◆將符文石散落在同心圓（請使用書後附贈之
　A4大小同心圓）
◆依據定義將落入同心圓最多的符文留下
　（如下頁範例）
◆適用狀況：隨時。
◆有效期限：依問題而定。

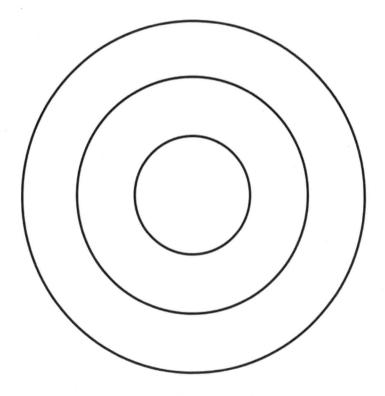

同心圓（示意圖）

範例

我適合往哪個方向發展?(以住家為中心點)

定義圖的上面是北方,下面是南方,右邊是東方,左邊
是西方

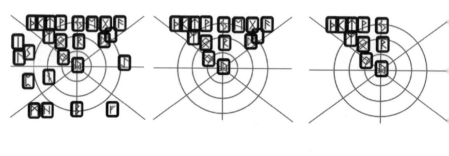

圖一　　　　　　　圖二　　　　　　　圖三

解:

從圖一的落點來看,全部 25 個符文石,主要落在北方,
再將其他位置的符文石拿掉就更明顯,所以向北方發展
是最好的選擇,就東北方及西北方比較,西北方的符文
石更多於東北方的符文石,所以轉職可向北前進,西北
方比東北方會稍微更有利些,但整體的大方向是不變的

ᚠᚢᚦᚨᚱᚲᚷᚹᚺᚾᛁᛃ

盧恩符文
對應解說

ᛇᛈᛉᛋᛏᛒᛖᛗᛚᛝᛟᛞ

豐饒 Fehu 飛虎

財富權力的表徵。
象徵王者的符文，
如電影魔法公主裡的山獸神一樣，
擁有能量卻孑然一身，
冷靜卻略顯孤獨。

現在的工作
適合我？或是要轉換新跑道？

現任工作適合度 80%～90%

你的能力很強，領導、支配、掌控力都很好。但不只是專注在自己的領域中，更要學會利他、成就他人，自然更能張顯你的尊貴與能力。只要學會這一點，工作自然能更加得心應手，至於是否要轉換跑道，就可以自己決定了。

職業的選擇建議，以人為連結的工作如：業務、顧問、銷售都是不錯的選擇。

力量 Uruz 烏魯茲

這個符文像是野牛的角，也像小刀刀片。
能量充沛、霸氣十足，責任感強，
易怒，情緒控管不易，死腦筋，不懂變通，
看不清事實的狀況要先做調整。

現在的工作
適合我？或是要轉換新跑道？

現任工作適合度 70%～80%

在工作上你的執行力強，有肩膀有擔當，在專業的領域中你都是屬於開路先鋒，負責拓展新局，是個危機處理相當優秀的人。但要小心因自視過高，過度堅持自己的想法，反而忽略了旁人給予的建議與方向。只要學會這一點，工作自然能更加得心應手。

職業的選擇建議，只要是**自己擅長的領域**如：人事管理、結構師…等，你都可以擁有扭轉乾坤的能力，但一定要記得虛心接受他人的建議喔！

ᚦ 雷神 Thurisaz 瑟萊薩茲

像武器的符文（如：雷神之鎚），
為黑暗中帶來一道亮光。
願為弱小伸出援手卻又不讓任何人接近，
行為衝動，義氣當前，兩肋插刀，
為大義拋棄兒女私情，雖是有情亦是無情。

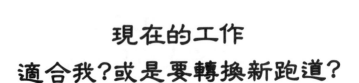

現在的工作
適合我？或是要轉換新跑道？

現任工作適合度 65%～75%

擁有很強專業知識的你，可做技術上的領導，建議在集結大家的意見與論點時，千萬別將自己的要求或想法過度地強壓給他人。帶人要帶心，無論是否轉職都要人際和諧才能走得長長久久。

職業的選擇建議，只要是**自己擅長的領域**，或警察、軍人…等義氣當前的職業，你都可以發揮的很好，有相當的領導風範。

奧丁 Ansuz 安蘇茲

符號像電線杆，
是訊息的傳遞者，可說是資訊之王。
雖然工作能力強，使命必達，擁有許多資源卻不近人
情，擁有智慧卻不懂變通，自我意識過高不懂檢討，
時常忽略周遭人的事情，是拼命三郎個性。

現在的工作
適合我？或是要轉換新跑道？

現任工作適合度 80%～85%

你擁有許多的資源，可說是資訊之王，但要透過溝通、
表達，把許多訊息傳遞出去，才能達到更好的效益。雖
然工作能力強，擁有許多資源且使命必達，但別忘了人
脈也是錢脈，只要在人際上多下點功夫，相信你也可成
為100%的王者。

職業的選擇建議，只要是透過言語表達等資訊傳遞相關
性質的職務，如：教師（學校、安親、課輔）、公關、
秘書、作家、記者…等性質的工作均可，不用特別侷限
自己要在哪個行業發展喔！

使徒 Raido 瑞斗

符號像在大地上四處漂泊，
居無定所的旅人。
也像是四處奔走傳達訊息、
考察市場的使者。

現在的工作
適合我？或是要轉換新跑道？

現任工作適合度 40%～50%

你就像旅人一般四處漂泊，喜歡充滿變化的環境，是否現在一成不變的工作又讓你開始想異動了呢？ 可考慮從內部轉調到常出差的單位或可以跑業務等工作，就不用再向外大動作的轉換。

職業的選擇建議：物流業、交通運輸業、流動攤販、旅行業、代銷團隊、業務或外勤、攝影師…等四處奔走的工作都會比較合適。善用自己喜歡到處旅遊或接觸他人的特質，自然能在職涯發展闖出屬於自己的一片天。

烈火 Kenaz 肯納茲

是希望、溫暖與光明的象徵。
充滿正面積極向上之能量，
溫和有耐心，富有同理心，
具有相當毅力。

現在的工作
適合我？或是要轉換新跑道？

現任工作適合度 80%～90%

對於工作的熱忱與投入，具有相當毅力與耐心，不要只專注在屬於自己的空間裡，還是要多與他人交流喔！

職業的選擇建議：研究員、研發…任何高度專業技能的工作都是很好的選擇。

奉獻 Gebo 吉福

上天的禮物，Give（給予），
任何難關都能克服，
有好消息發生。

現在的工作
適合我？或是要轉換新跑道？

現任工作適合度 85%～95%

在職場上，配合度很高，擁有同情心及樂善好施的特質，是職場上的最佳幫手。

職業的選擇建議：社工、護士、看護、人力資源、秘書、業務助理…等各方給予扶持協助的工作，都很適合喔！

歡愉 Wunjo 溫究

符號像迎來勝利的旗幟，
但這只是中途站，
不是終點旗幟。

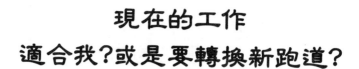

現在的工作
適合我？或是要轉換新跑道？

現任工作適合度 70%～80%

在工作上有屬於自己獨特的見解，與他人相處也是相當的愉快，但對現有的工作目標，建議可以再更明確一些，檢視過去，重新調整方向，千萬別只滿足於現狀，你還有更好的發展在等著你。

職業的選擇建議，只要是**自己擅長的領域**，都可以發揮的很好，重點是無論哪種工作，都要訂定好明確的目標與方向，適時檢視自己的過去，做機動性的微調，在工作上自然能勝任且游刃有餘，無往不利。

颶風 Hagalaz 海格爾

符號就颶風一樣
擁有巨大破壞的力量，
如可控制，反而是助力。

現在的工作
適合我？或是要轉換新跑道？

現任工作適合度 70%

在工作上你是個擅長重建的高手，對一成不變的狀況，反而會覺得有食不知味的感覺。建議要找到工作的平衡點，自然能找到屬於自己的價值。

職業的選擇建議，大範圍重建或汰舊換新快速的行業，如：建築重建、室內設計、園藝造景、潮流設計、美容、美髮、陶藝、廣告媒體或是廚師…等有重生或需要許多巧思的行業都能發揮出自己的潛能，活出精彩的人生。

需求 Nauthiz 諾瑟斯

符號像拐杖從中間斷掉了一樣，
就像在艱困的環境中，
唯一的支柱也斷裂。

現在的工作
適合我？或是要轉換新跑道？

現任工作適合度 10%～20%

工作上遇到了瓶頸的你，與其急著轉換跑道，不如多花點時間加強或學習工作上需要用到的語言或相關的專業能力，自然能增加內在的安定感。

職業的選擇建議：轉至自己能勝任的工作範疇，會有比較安全的感覺，但別忘了還是要適時加強自己的專業技能喔！

冰雪 Isa 意沙

停止的訊號，凡事停滯不前，無任何進展，
要打破困境需要時間等待或機緣來臨。

像靜止的冰柱極其美麗，
靜靜地等待融雪季節的來臨。

現在的工作
適合我？或是要轉換新跑道？

現任工作適合度 20%～30%

現在正值停滯的狀況，只是需要靜靜等待時機，不代表
工作並不適合喔！建議先調整好自己的心情，找回原有
細膩的情感。記得在發揮專業能力的同時，也要改變一
下冷酷的形象，適時地拉近人與人之間心靈的距離。

職業的選擇建議：平面設計、美術、藝術家…等靜態美
學相關行業，都可以選擇。

豐收 Jera 傑拉

符號就像麥穗實累之豐年祭上，
大家手拉著手圍著圈一起熱鬧歌舞。
也代表著正確與善意的行動。

忙碌但業績好。

現在的工作
適合我？或是要轉換新跑道？

現任工作適合度 85%～99%

一直充滿活力努力耕耘的你總算迎來好消息，現在正是業績正豐收的時刻，但別忘了還是要多溝通、協調，才能長長久久的豐收喔！

職業的選擇建議：只要是**自己已取得證照或特別擅長的領域**，或像會計師、律師、法官、醫師等高度專業技能的職業，都能夠闖出自己的一片天。

紫杉 Eihwaz 艾斯華茲

兩端如同鉤子
作為兩端連結的橋樑。
就像是另一個空間、世界連接的管道。
是溝通的管道。

現在的工作
適合我?或是要轉換新跑道?

現任工作適合度 70%～90%

溝通是你擅長的領域,以全面的角度去思量每一件事物也是工作上必備的重要環節,多溝通、多協調自然能在工作上發揮你的過人之處。

職業的選擇建議:房屋仲介、人力仲介、經紀商、管理顧問、心靈諮詢、張老師、門市人員、禮儀公司、占星師、占卜師、命理師…等,需中間人銜接溝通的職業都很合適。

聖盃 Perthro 波斯若

把這符文轉個角度 ，像是一種盛裝的器皿。
很多事情正在醞釀中（是好的發展），
其中調味是自己可控制的，但若鍋子打翻，
所有調味毀於一旦，試著補救能有機會救回。

象徵著追求內在的轉變。

現在的工作
適合我？或是要轉換新跑道？

現任工作適合度 70%～80%

在工作上耐心一步一步地進行是你的優點，只要照著自己的步調前行，別忘了也要觀察外在的環境變化，做機動性適時性的調整喔！

職業的選擇建議：老師、訓練師、廚師…等，耐心一步一步建構培育，或追求內在轉變的職業如：心靈諮詢、占星師、占卜師…等都很適合。

保護 Algiz 亞吉茲

符號像保護的工具，捍衛家園，
抵抗敵人，較有戒心。

現在的工作
適合我？或是要轉換新跑道？

現任工作適合度 60%～70%

工作上很有戒心，保有純良的技術，也要學習把自身的
經驗、思維重新的反思與融合，創造出新可能！

職業的選擇建議，傳承傳統領域或傳統文藝工作者都是
不錯的選擇！

太陽 Sowilo 索威魯

充滿能量，
像太陽般的照耀大地。
代表著成功與愛、受到大家的注目。

現在的工作
適合我？或是要轉換新跑道？

現任工作適合度 85%～95%

工作順利的朝向成功方向邁進，但要注意，當紅時要謹
言慎行，因為攤在陽光下是很易被檢視、刁難的！

職業的選擇建議：政治家、外交官、官員、演藝人員、
演說家…等，有強大感染力的職業均屬之。

↑ 戰神 Tiwaz 泰華茲

擁有無比的勇氣去迎接挑戰及難關，
不要猶豫，往前邁進。

現在的工作
適合我？或是要轉換新跑道？

現任工作適合度 85%～99%

工作上你非常願意站在第一線面對挑戰的，能果斷做出明智的決策，在工作上無所畏懼。

職業的選擇建議：警察、軍人、消防隊…等，或一般單位需衝鋒第一線的工作均非常合適。

生育 Berkanan 伯卡納

符號像懷孕的母親，也像兩座山峰，
有如生育一樣會有辛苦的過程，
意味著重新審視目標。

現在的工作
適合我？或是要轉換新跑道？

現任工作適合度 65%～75%

在工作上你擁有非常強大包容與寬恕的心，像是大家的
朋友、母親，可傾訴的角色，也能夠在適當的時機點給
予適當的方向。但在關愛他人的同時，也要適時地愛自
己一下喔！

職業的選擇建議：幼保人員、神職人員…等都是適合的
職業。

神駒 Ehwaz 愛華茲

這個符文像是英文的 M，
牠是一匹集靈性與聰明才智於一身、
腳踏實地的「神駒」。
有計劃、有目標的執行，
有逐步發展和穩定進步的寓意。

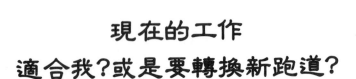

現在的工作
適合我?或是要轉換新跑道?

現任工作適合度 75%～90%

工作目標明確且有很強的執行力，活力滿滿，凡事講求效率，是能在短時間內就衝上軌道的能者。

職業的選擇建議：運動員、健身教練、外送員…等，偏向戶外相關的工作均合適。

 人類 Mannaz 美那茲

複雜→人心難測，
複雜的程度，有時連自己也猜不透自己。

現在的工作
適合我？或是要轉換新跑道？

現任工作適合度 60%～80%

你所勝任的職務複雜度相當高，需要懂得人心人性的變化，也要能隨時接納與傾聽，是相當高難度的工作，必需有同理心才能將工作盡善盡美地完成！

職業的選擇建議：外交官、醫師、心理諮商師…等，需對人每個微妙的細節，都能觀察入微的職業均合適。

↑ 水 Laguz 拉格茲

水沒有一定形狀，但本質是不變的。

可變化成各種型態，卻又不固定，
看似風趣實則花心，
點子天馬行空、創意無限、創新的想法和思維，
可塑性很高。

現在的工作
適合我？或是要轉換新跑道？

現任工作適合度 85%～95%

你的能力好，彈性度高，可塑性強，但在與他人合作上也要能相互相容，這樣在工作上就能發揮得更佳完美。

職業的選擇建議，跟水產或藝術、設計性、廣告相關的職務，或能洞悉內心變化的工作如心理諮商、人力資源⋯等工作都合適。

天使 Ingwaz 英格茲

成功結局。
這是一個象徵大豐收的牌。
過去的辛勞，都轉化為甜美果實，
呈現給付出過努力的自己。

現在的工作
適合我？或是要轉換新跑道？

現任工作適合度 80%～95%

學以致用，在工作上都能展現原有所學的技能，算是勝任愉悅之職！

職業的選擇建議，所學一技之長能發揮的領域，都是最好的選擇！

家庭 Othala 歐瑟拉

符文就像用雙手保護自己家人，
責任心重，為了家庭願意付出一切。

現在的工作
適合我？或是要轉換新跑道？

現任工作適合度 60%～70%

在工作上是很有責任心的人，但要將自己的視野高度及格局放大，別因為環境的因素而影響了自身的發展。

職業的選擇建議：保險員、保全、園藝…等，都是適合的選擇。

黎明 Dagaz 達加茲

看著符文，是不是很像無限循環的標誌呢？
是開始也是結束，事情反覆重演，
是好還是不好只在一念之間，
好的方向是越來愈強大，
壞的方向是越來越糟糕。
這表示同一件事情，一直重複、毫無間斷。

現在的工作
適合我？或是要轉換新跑道？

現任工作適合度 60%～70%

工作性質會比較偏向例行性的事務，是需要細心完成，除了穩紮穩打的方式把工作完成外，也要花些心力去提升自我，自然能在工作上發揮更大的效益。

職業的選擇建議：會計、出納、工程師…等，例行性質高的職務都合適。

宇宙 Ward 沃德

無限可能，
代表什麼都有，也可能什麼都沒有。

萬物的起源，
最原始、最純真的時候，
也代表沒想法，隨波逐流，
但卻能發展出上千萬的方向。

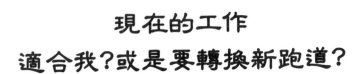

現在的工作
適合我？或是要轉換新跑道？

現任工作適合度 10%～20%

面對現在的狀況，不急著思考，先好好放鬆一下，心態歸零，待靈光乍現之時，自會有所明確的方向前行。

職業的選擇建議，這是自我進修、短暫休息的時刻，先靜心思考人生的未來方向後，重新做生涯規劃。加油！

3.投資理財停看聽

陣法介紹

☆★☆★☆　占卜注意事項　★☆★☆★☆

一事不多占
多事不一占
啥事要清楚
期限要說明
跟隨心念轉

不窺探他人隱私

簡易占卜法一
◆使用非慣用手，隨機抽取。
◆適用狀況：隨時。
◆有效期限：依問題而定。

簡易占卜法二

◆使用非慣用手依序抽出符文石。
◆取出後不放回已抽出的符文石。
◆適用狀況：隨時。
◆有效期限：依問題而定。

1.主牌

2.輔助牌

◆範例

　我未來三個月內,可以短期投資房地產嗎?

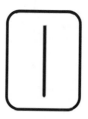

解:

買房是大事,看起來你還沒有準備好喔!建議未來三個月先按兵不動,等思考好了,或資金準備充足些再問問吧!

簡易占卜法三

◆使用非慣用手依序抽出符文石。
◆取出後不放回已抽出的符文石。
◆適用狀況：隨時。
◆有效期限：依問題而定。

1. 主牌　　2. 輔助牌　　3. 建議牌

◆範例
我手上持有的○○○的股票，可以繼續
放著嗎？

解：
這目前看起來是保守的投資，建議先了解一下這間公司
目前的財務或財報狀況，財報狀況若是良好，就可以續
放喔！

ᚠᚢᚦᚨᚱᚲᚷᚹᚺᚾᛁᛃ

盧恩符文
對應解說

ᛈᛇᛉᛋᛏᛒᛖᛗᛚᛜᛟᛞ

豐饒 Fehu 飛虎

財富權力的表徵。

象徵王者的符文,
如電影魔法公主裡的山獸神一樣,
擁有能量卻孑然一身,
冷靜卻略顯孤獨。

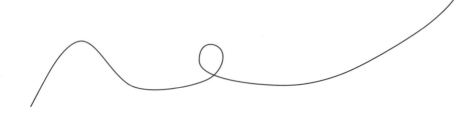

投資理財停看聽

穩定投資,會有好的結果!

力量 Uruz 烏魯茲

這個符文像是野牛的角，也像小刀刀片。
能量充沛、霸氣十足，責任感強，
易怒，情緒控管不易，死腦筋，
不懂變通，看不清事實的狀況要先做調整。

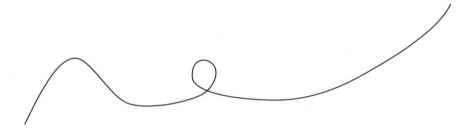

投資理財停看聽

在投資的時候能量充沛、霸氣十足，但思考稍嫌不全，
會看不清事實，容易誤判。

所以投資之前，要多方思考，否則投資容易賠了夫人又
折兵。

雷神 Thurisaz 瑟萊薩茲

像武器的符文（如：雷神之鎚），
為黑暗中帶來一道亮光。

願為弱小伸出援手卻又不讓任何人接近，
行為衝動，義氣當前，兩肋插刀，
為大義拋棄兒女私情，雖是有情亦是無情。

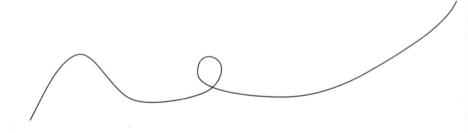

投資理財停看聽

理性且獨立，擁有專業知識的你對於自己所擅長且熟悉的產業，可穩定投資。但對於自己不熟悉的產業領域，是不宜投資的喔！

奧丁 Ansuz 安蘇茲

「奧丁」是資訊之王，掌握很多理財資訊，
卻像機器人一樣不懂變通。

符號像電線杆，是訊息的傳遞者，是資訊之王。

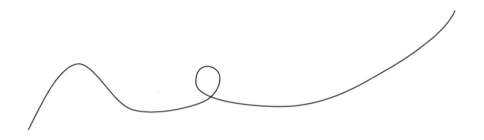

投資理財停看聽

投資之前要多方思考，融會貫通手邊的資料後再做適當
的選擇。

使徒 Raido 瑞斗

符號像在大地上四處漂泊，
居無定所的旅人。
也像是四處奔走傳達訊息、
考察市場的使者。

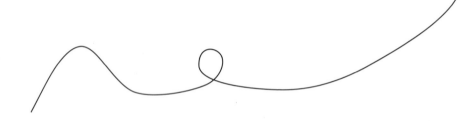

投資理財停看聽

投資的標的物你選定好了嗎？對投資理財沒有定性，四處尋找標的物。不要看著大家都在投資，你就隨意跟風喔！

烈火 Kenaz 肯納茲

是希望、溫暖與光明的象徵。

充滿正面積極向上之能量，
溫和有耐心，富有同理心，
具有相當毅力。

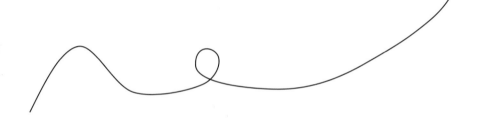

投資理財停看聽

你對投資的想法正向的，對理財的方式是漸入佳境。
適當的投資，會有如意的結果喔！

奉獻 Gebo 吉福

上天的禮物，Give(給予)，
任何難關都能克服，
有好消息發生。

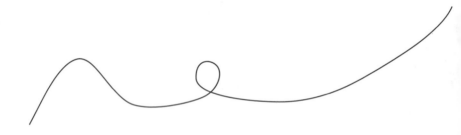

投資理財停看聽

投資不是做慈善事業喔！
你的心情、心態如果沒有調整到理性的狀況，不建議你
現在做投資！

歡愉 Wunjo 溫究

符號像迎來勝利的旗幟，
但這只是中途站，
不是終點旗幟。

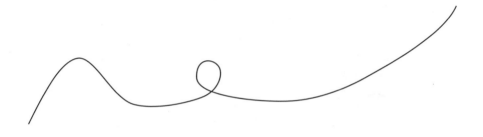

投資理財停看聽

投資到現在只是一半的路程，好不容易才轉虧為盈的狀況，建議見好就收！如果要繼續投資，就要理性判斷，免得投資失利，連本都虧掉了。

颶風 Hagalaz 海格爾

颶風和颱風一樣，
都是因為不平衡的溫度壓力造成，
帶來的破壞力也極強。
若不削弱颱風的力道，
傷害只會越來越多、最後不可收拾。

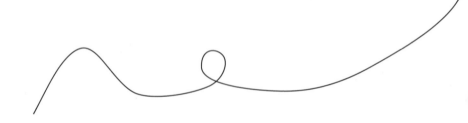

投資理財停看聽

投資時，別因一時的衝動，造成巨損！也要隨時注意突發狀況，以免造成不必要的支出！過度的投資已造成現有的財源分配不均，宜重新檢視目前的財務狀況，設好停損點！

需求 Nauthiz 諾瑟斯

符號像拐杖從中間斷掉了一樣，
就像在艱困的環境中，
唯一的支柱也斷裂。

在艱困的狀況下祈求幫助
→直視自己最不喜歡的狀況。

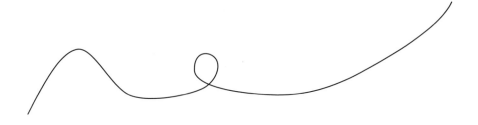

投資理財停看聽

雖然現在是急需開源的時候，但建議先作好功課，尋求
專家的建議，了解自己財務為何緊迫之後，才作投資的
決定。

冰雪 Isa 意沙

停止的訊號，凡事停滯不前，無任何進展，
如果想要打破困境，
需要時間等待或機緣來臨。

像靜止的冰柱極其美麗，
靜靜地等待融雪季節的來臨。

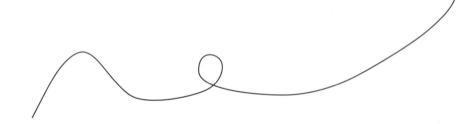

投資理財停看聽

現在在投資上是需要冷靜的時候，按兵不動，等待時機。

豐收 Jera 傑拉

符號就像麥穗實累之豐年祭上，
大家手拉著手圍著圈一起熱鬧歌舞。
也代表著正確與善意的行動。

忙碌但業績好。

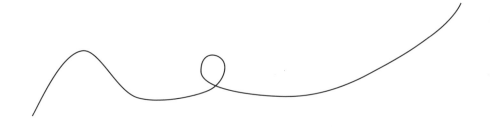

投資理財停看聽

投資的成效不錯喔！忙碌的投資中算是有所豐收。

紫杉 Eihwaz 艾斯華茲

兩端如同鉤子
作為兩端連結的橋樑。
就像是另一個空間、世界連接的管道。
是溝通的管道。

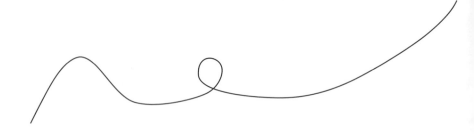

投資理財停看聽

在投資之前,建議做一些理財功課及學習,精進投資的能力,這樣才能看清楚未來整個的大趨勢,在選擇投資標的物時,才會因精確的判斷而帶來收益。

聖盃 Perthro 波斯若

把這符文轉個角度 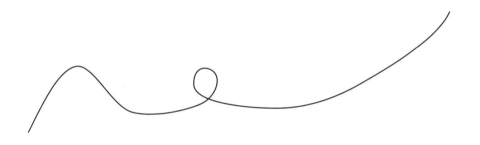，像是一種盛裝的器皿。

很多事情正在醞釀中（是好的發展），
其中調味是自己可控制的，但若鍋子打翻，
所有調味毀於一旦，試著補救能有機會救回。

投資理財停看聽

除了投資的完備資金要先準備好之外，也要依個人的財
務狀況，循序漸進的從小額投資開始，小額的定期定額
投資，對你來說是不錯的選擇。

保護 Algiz 亞吉茲

符號像保護的工具，
捍衛家園，抵抗敵人，較有戒心。

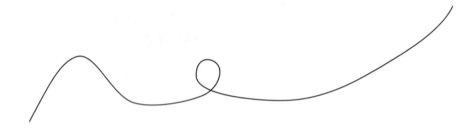

投資理財停看聽

投資宜保守，或只做定期存款的選擇，不宜做積極性的
理財。

太陽 Sowilo 索威魯

兩個烈火「く」的符文的組合。
像太陽般充滿能量,照耀大地。
在古代的圖騰裡象徵太陽烈焰的紋路。
代表著成功與愛、受到大家的注目。

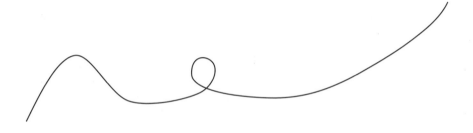

投資理財停看聽

對投資有著強烈的渴望,有條不紊的投資計畫,有助於
在投資上有所獲利。

戰神 Tiwaz 泰華茲

擁有無比的勇氣去迎接挑戰及難關，
不要猶豫，往前邁進。

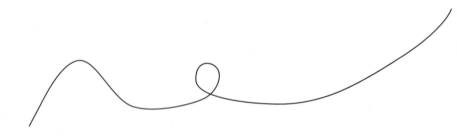

投資理財停看聽

在投資上要果斷，決策明確，可主動積極，在投資上要
懂得獲利了結，千萬別太衝動喔！

生育 Berkanan 伯卡納

符號像懷孕的母親，也像兩座山峰，
有如生育一樣會有辛苦的過程，
意味著重新審視目標。

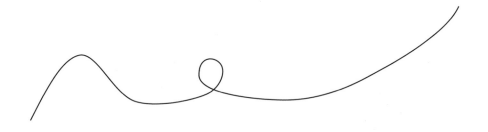

投資理財停看聽

投資要耐心的等候，屬長期性才能獲利的狀況，千萬別
期待短期獲利喔！

神駒 Ehwaz 愛華茲

這個符文像是英文的 M，
牠是一匹集靈性與聰明才智於一身、
腳踏實地的「神駒」。
有計劃、有目標的執行，
有逐步發展和穩定進步的寓意。

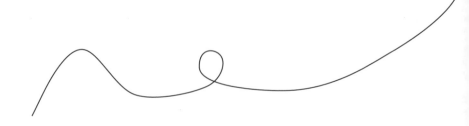

投資理財停看聽

你是個聰明的投資者，選擇投資的目標很明確，只要按照計劃就會有不錯的結果，但在過程中會不停的奔波。

人類 Mannaz 美那茲

複雜→人心難測，
複雜的程度，有時連自己也猜不透自己。

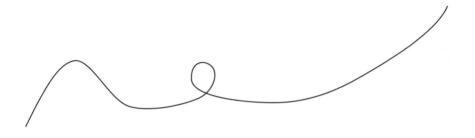

投資理財停看聽

要留意身旁出現可投資的人事物，眼睛睜亮些，要慎選，不要隨意聽信他人的建議就輕意出手。投資時也不能太過於主觀，小心投資為宜！

有時人脈也是錢脈。建議在專注投資的你，不妨先專心經營一下你的人脈吧！

ᚹ 水 Laguz 拉格茲

水沒有一定形狀，但本質是不變的。

可變化成各種型態，卻又不固定，
看似風趣實則花心，
點子天馬行空、創意無限、創新的想法和思維，
可塑性很高。

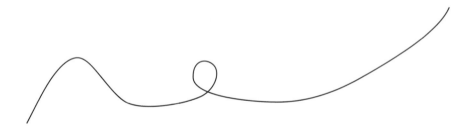

投資理財停看聽

隨環境適時的調整投資組合，自然容易獲利。但過於激進的投資要避免喔！

天使 Ingwaz 英格茲

成功結局。
這是一個象徵大豐收的牌。
過去的辛勞，都轉化為甜美果實，
呈現給付出過努力的自己。

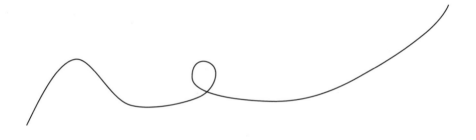

投資理財停看聽

過去一切的辛勞是值得的，現在正是個果實豐收的好時節！對於即將的投資將會經歷一段辛苦過程，對於這樣的歷程，你心裡準備好了嗎？

家庭 Othala 歐瑟拉

用雙手保護自己家人，
責任心重，為了家庭願意付出一切，
做任何事情前會先考慮家人想法及狀態；
反之，沒擔當，四處破壞。

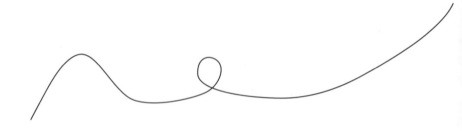

投資理財停看聽

你的投資，會跟家人有所關聯，要穩紮穩打的理財才能
有所獲利。

若過於急躁，不僅無法得財，還會連累到家人，要謹慎
小心喔！

黎明 Dagaz 達加茲

看著符文，是不是很像無限循環的標誌呢？
是開始也是結束，事情反覆重演，
是好還是不好只在一念之間，
好的方向是越來愈強大，
壞的方向是越來越糟糕。
這表示同一件事情，一直重複、毫無間斷。

投資理財停看聽

定期定額會是你最佳的選擇。

若要放大投資的範圍，建議要先做好學習之後，才做大額固定型的投資喔！可以是固定產業，或固定的投資方式！

宇宙 Ward 沃德

無限可能，
代表什麼都有，也可能什麼都沒有。

萬物的起源，
最原始、最純真的時候，
也代表沒想法，隨波逐流，
但卻能發展出上千萬的方向。

投資理財停看聽

無論你過去是否在投資上經驗豐富，或毫無經驗。請你
心態歸零，重新學習，打破過去的視野與經驗，重新規
劃，你的人生不只是在投資上才能獲利喔！

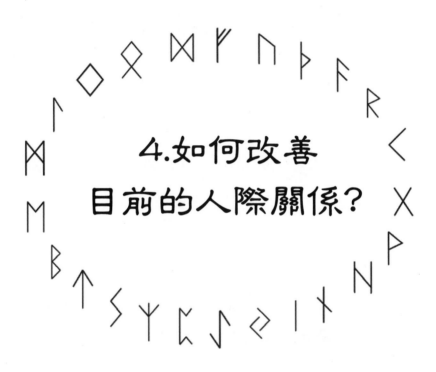

4.如何改善
目前的人際關係？

陣法介紹

☆★☆★☆★　　占卜注意事項　★☆★☆★☆

一事不多占

多事不一占

啥事要清楚

期限要說明

跟隨心念轉

不窺探他人隱私

簡易占卜法一

　　◆使用非慣用手，隨機抽取。

　　◆適用狀況：隨時。

　　◆有效期限：依問題而定。

簡易占卜法二

◆使用非慣用手依序抽出符文石。

◆取出後不放回已抽出的符文石。

◆適用狀況：隨時。

◆有效期限：依問題而定。

1. 主牌　　2. 輔助牌

◆範例

我和○○○的相處可以打破現有的僵局嗎？

解：

看得出你們在相處上已經有很明顯的嫌隙。傷痕累累的你，渴望找個依靠或傾訴的對象。建議你先不要慌張，不要過於憂慮，先靜下心來好好的檢視你們過去相處的狀況，找出問題點。就如同家人的相處一樣，也是會出現理念想法不同的情況。重新學習，重新出發，就像對家人一樣保有簡單的問候，當再次見面時，彼此靜下來好好地聊聊，相信很快能突破現有的僵局面。

簡易占卜法三

◆使用非慣用手依序抽出符文石。
◆取出後不放回已抽出的符文石。
◆適用狀況：隨時。
◆有效期限：依問題而定。

1. 主牌　　2. 輔助牌　　3. 建議牌

◆範例
這次去新的工作環境，可以跟新同事們相處愉快嗎？

解：
建議到新的工作環境，與新同事們相處除了保有自己的本質外，有話直說，不要給人有捉摸不定的感覺，還要懂得相互包容，不需要把大家想得太複雜，單純的看待，把同事們當成自己的家人，自然就能輕鬆自在的與同事們相處了。

ᚠᚢᚦᚨᚱᚲᚷᚹᚺᚾᛁᛃ

盧恩符文
對應解說

ᛇᛈᛉᛊᛏᛒᛖᛗᛚᛜᛟᛞ

豐饒 Fehu 飛虎

財富權力的表徵，獨立又神秘。

象徵王者的符文，
如電影魔法公主裡的山獸神一樣，
擁有能量卻孑然一身，
冷靜卻略顯孤獨。

如何改善目前的人際關係？

雖然你的內心是平淡溫和，且本身的能力強，領導、支配、掌控力都很好。但外表給人獨立又神秘的感覺會讓人比較無法靠近。

建議要走出自己的舒適圈，多敞開心胸與他人接觸、溝通，當你學會利他、成就他人的同時，你的人際關自然更加卓越。

力量 Uruz 烏魯茲

急躁、情緒控管不易。
這個符文像是野牛的角，也像小刀刀片。
野牛的蠻橫、刀子的銳利，
都會讓你一不小心就傷到旁人。

如何改善目前的人際關係？

你的能量充沛、霸氣十足，責任感強，可說是大家眼中的風雲人物。但要小心因自視過高，過度堅持自己的想法，即使是自己的好意也會變成跟他人衝突的局面，讓旁人覺得你是易怒、死腦筋、不懂變通之人。

建議在溝通或發表意見之前，先深呼吸3次後，平衡一下自己的情緒並重新思量，再給予更溫和適宜的表達，相信這對你在人際關係上會變得更平易近人。

雷神 Thurisaz 瑟萊薩茲

風雲人物。
像武器的符文(如:雷神之鎚),
為黑暗中帶來一道亮光。
願為弱小伸出援手卻又不讓任何人接近,
行為衝動,義氣當前,兩肋插刀,
為大義拋棄兒女私情,雖是有情亦是無情。

如何改善目前的人際關係?

在外人看來,你是個義氣當前,容易行為衝動,但又願為弱小伸出援手卻又不讓任何人接近的人。雖然能兩肋插刀,為大義拋棄兒女私情,看似有情卻是無情。

建議對家人或親友,不是要表現出你有多麼的專業,而是要多花心思去理解及關心他們真正的需求及想法,千萬別將自己的要求或想法過度地強壓給他人,這樣的你才會變成真情實意之人。

奧丁 Ansuz 安蘇茲

軍師、獨行俠。
符號像電線杆，是訊息的傳遞者，是資訊之王。
能力強，使命必達，
擁有許多資源卻不近人情，
擁有智慧卻不懂變通，
自我意識過高不懂檢討，
時常忽略周遭人的事情，是拼命三郎個性。

如何改善目前的人際關係？

雖然你在生活或工作上資訊之王，但在溝通上容易讓人有自我意識太強，比較缺乏人情味。

建議別太自我，平常要適時的自我檢討，在溝通時多增加一些風趣度，只要在人際上多下點功夫，會讓你在與人相處上更添風采。

使徒 Raido 瑞斗

四處交友。

符號像在大地上四處漂泊，
居無定所的旅人。
也像是四處奔走傳達訊息、考察市場的使者。

如何改善目前的人際關係？

你就像旅人一般四處漂泊，喜歡充滿變化的環境，喜好到處結交朋友。

隨和及健談會讓你廣結善緣的同時，建議還是要小心言行，避免給人留下遊手好閒、不務正業或四處留情的印象喔！

烈火 Kenaz 肯納茲

是希望、溫暖與光明的象徵。

火炬溫和、充滿正面積極向上之能量，
給別人光亮，
也指引自己前方的道路。

如何改善目前的人際關係？

散發熱情帶有陽光般燦爛的笑容，擁有同情心及樂善好施的特質，是大家心中的好友。

只要保有你現在的溫暖與熱情，隨時充滿著正能量，自然保有你的好人緣喔！

奉獻 Gebo 吉福

甘願做、用心付出。

上天的禮物，Give(給予)，
任何難關都能克服，
有好消息發生。

如何改善目前的人際關係？

溫和有耐心，富有同理心，具有相當毅力是你天生的特質。建議在無私奉獻的同時，也要懂得愛自己喔！

歡愉 Wunjo 溫究

放鬆、開心。
符號像迎來勝利的旗幟。
符文也像英文的 P，
可以理解為英文的 Pleasure 歡愉、樂趣。

如何改善目前的人際關係？

你能主動與人親近，很容易消除人與人之間的隔閡，與
人相處愉快。

建議在與人相處的同時，有時還是要適時檢視自己，做
機動性的微調，這樣才能長長久久的與人交好喔！

颶風 Hagalaz 海格爾

調整心態，重新建立。
符號就像颶風一樣擁有巨大破壞的力量，
如可控制，反而是助力。

如何改善目前的人際關係？

你是個擅長重建關係的高手，但反而容易造成誤會；你的多變性格，會讓大家敬而遠之。

人因眾多因素（原生家庭、教育、種族、傳統⋯）而衍伸多種複雜的想法，在這當中一定有和自己理念、想法相衝突的。調整心態，試著找到彼此的平衡點，這樣你也會成為一個聰明的交友高手。

需求 Nauthiz 諾瑟斯

尋求依靠。

符號像拐杖從中間斷掉了一樣，
就像在艱困的環境中，
唯一的支柱也斷裂。

如何改善目前的人際關係？

人際上傷痕累累的你，渴望找個依靠或傾訴的對象。

建議在與人相處上，不要慌張、不要過於憂慮，先靜下心來好好地檢視過去的自己，重新學習，重新出發，慢慢踏出交友的步伐，相信你很快能突破現有的局面。

冰雪 Isa 意沙

停止的訊號，凡事停滯不前，無任何進展，
要打破困境需要時間等待或機緣來臨。

像靜止的冰柱極其美麗，
靜靜地的等待融雪季節的來臨。

如何改善目前的人際關係？

目前你的人際狀況有如冰點，想要打破這個狀態需要時間或是等待好的機緣來臨。

建議先調整好自己的心情，找回原有細膩的情感，同時也要改變一下冷酷的形象，當你調整好時，自然能拉近人與人之間心靈的距離。

豐收 Jera 傑拉

「豐收」符文像是兩隻手牽在一起的感覺，
就像阿美族豐年祭一樣。
大家敞開心胸，
不管認不認識都可以牽手、開心地跳舞慶祝。

如何改善目前的人際關係？

一直充滿活力耕耘的你，在朋友之間也擁有好人緣。

但別忘了人與人之間的相處，還是要多溝通、協調，才
能有長長久久的豐收喔！

紫杉 Eihwaz 艾斯華茲

溝通。

兩端如同鉤子作為兩端連結的橋樑。
就像是另一個空間、世界連接的管道，
是溝通的管道。

如何改善目前的人際關係？

擅長溝通的你，幾乎都在幫忙大家做協調溝通，是大家
很依賴的對象。

建議在溝通的同時，要保持著客觀的立場，才不會造成
不必要的誤會喔！

聖盃 Perthro 波斯若

內在轉變。

把這符文轉個角度 ，像是一種盛裝的器皿。
很多事情正在醞釀中（是好的發展），
其中調味是自己可控制的，
但若鍋子打翻，
所有調味毀於一旦，試著補救能有機會救回。

如何改善目前的人際關係？

一步一步耐心地認識朋友是你的優點，也會給予彼此一些時間和空間，但別忘了也要觀察與人相處中的變化，做機動性適時性的調整喔！

建議在與人相處上，自己先做內在的轉化，給彼此一些時間和空間，無論狀況如何，自然都會有所補救與好的轉化的。

保護 Algiz 亞吉茲

不易親近。

符號像保護的工具，
捍衛家園，抵抗敵人，較有戒心。

如何改善目前的人際關係？

與人相交很有戒心，但對自己的家人或好友是個很有保護心的人，不是很容易與人親近。

建議防禦心不要太重，跟自己合得來、相處舒服自在的人，自然地建立起友誼關係來。

太陽 Sowilo 索威魯

充滿能量，
像太陽般的照耀大地。
代表著成功與愛、受到大家的注目。

如何改善目前的人際關係?

你無時無刻是個充滿能量之人，像陽光般的亮眼，是很容易成為大家心目中的焦點。

建議永遠充滿能量的你，除了要保持著正能量及正念之外，也要小心人紅事非多，因為攤在陽光下是很容易被大家檢視的喔！

↑ 戰神 Tiwaz 泰華茲

勇氣十足。

擁有無比的勇氣去迎接挑戰及難關，
不要猶豫，往前邁進。

如何改善目前的人際關係？

你勇氣十足，對朋友也是很主動付出、行事果斷之人。

建議在與人相處的同時，除了肝膽相照外，也別忘了展現柔情的一面，這樣在交友時自然能無往不利。

生育 Berkanan 伯卡納

溫柔、耐心、好人緣。

符號像懷孕的母親，也像兩座山峰，
有如生育一樣會有辛苦的過程，
意味著重新審視目標。

如何改善目前的人際關係？

在與人相處上你溫柔有耐心，對誰都好，像是閨蜜或母親般可傾訴的角色，有著好人緣。

建議在關愛他人的同時，除了傾聽之外，也要學會倒垃圾、適時的愛自己，不然聽久了之後也會生病的喔！

神駒 Ehwaz 愛華茲

活潑、好動。
這個符文像是英文的 M，
牠是一匹集靈性與聰明才智於一身、
腳踏實地的「神駒」。有計劃、有目標的執行，
有逐步發展和穩定進步的寓意。

如何改善目前的人際關係？

在朋友的眼裡，聰明才智的你，總是給人活力滿滿、精力旺盛的感覺，對任何想要完成的目標也都衝勁十足勇往直前。

建議用能量十足帶動身旁朋友的同時，有時也要停下腳步關心一下旁人的感受喔！

人類 Mannaz 美那茲

人心難測。

複雜→人心難測，
複雜的程度，有時連自己也猜不透自己。

如何改善目前的人際關係？

你對事務的敏銳度高，每個微妙的細節都能觀察入微，但人心難測，有時你也會覺得無法真正了解別人在想什麼。

建議不要把與人相處想得太複雜，有時單純的看待，自然就能輕鬆自在的與人相處了。

↑ 水 Laguz 拉格茲

捉摸不定。

水沒有一定形狀，但本質是不變的。可變化成各種型態，卻又不固定。

如何改善目前的人際關係？

你是個想法點子多，容易天馬行空的人，在朋友的眼裡你永遠創意無限、有許多創新的想法和思維。表面上看似風趣、隨波逐流，但實則花心，容易讓人覺得捉摸不定。

建議與人相處，除了保有自己的本質，還要懂得相互包容，這樣你的人緣自然能更上層樓。

天使 Ingwaz 英格茲

圓融、八面玲瓏。
成功結局。這是一個象徵大豐收的牌。
過去的辛勞，都轉化回甜美果實
呈現給付出過努力的自己。

如何改善目前的人際關係？

你不是那麼容易結交朋友，但會因為你的真心付出而種下好人緣。

建議與人之間保有以誠相待的真性情，避免讓人覺得你八面玲瓏喔！

家庭 Othala 歐瑟拉

宅男宅女。

符文就用雙手保護自己家人，
責任心重，為了家庭願意付出一切。

如何改善目前的人際關係？

你是比較以家為重心的人，不太參與外在的社交活動，
久而久之會給人宅男宅女的感覺。

建議在以家人為重心的同時，試著慢慢增加一些社群活
動，試著多與家人以外的人相處，將自己的視野高度及
格局放大些！

黎明 Dagaz 達加茲

無限循環。
符文，像無限循環的標誌，是開始也是結束，
事情反覆重演，是好還是不好只在一念之間，
好的方向是越來愈強大，
壞的方向是越來越糟糕。
這表示同一件事情，一直重複、毫無間斷。

如何改善目前的人際關係？

你是個容易在自我的思維裡不停打轉的人，容易進入自己的死胡同，相對的在交友的過程中，你也會永遠只跟幾位好友相聚，能交心的朋友不多。

建議多開拓交友圈，不要只侷限在自己所熟悉的領域，開拓視野，放大格局，在人際關係上自會有更新的收穫。加油！

宇宙 Ward 沃德

單純、心態歸零。

無限可能，代表什麼都有，也可能什麼都沒有。

萬物的起源，最原始、最純真的時候，
也代表沒想法，隨波逐流，
但卻能發展出上千萬的方向。

如何改善目前的人際關係？

與人相處，你沒有太多的想法，也沒有花太多的心思去
理解別人在想什麼，因為你一直保有純粹簡單的心。

建議保有簡單的想法、單純的心思、開闊的心胸，來面
對複雜多樣的人際，包容各式各樣的人。

5.何時會讓我
遇到適合的
Mr./Miss right?

陣法介紹

一事不多占
多事不一占
啥事要清楚
期限要說明
跟隨心念轉

不窺探他人隱私

★☆★☆★☆★☆★☆★☆★☆★☆★☆★

簡易占卜法一
◆使用非慣用手，隨機抽取。
◆適用狀況：隨時。
◆有效期限：依問題而定。

185

簡易占卜法二

◆使用非慣用手依序抽出符文石。
◆取出後不放回已抽出的符文石。
◆適用狀況：隨時。
◆有效期限：依問題而定。

1.主牌　　2.輔助牌

◆範例
未來三個月我有機會找到我的 Mr.right 嗎？

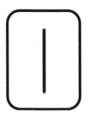 

解：
真正的 Mr.right 是需要時間等待的，未來三個月暫時
不會遇到喔！建議現在先請外人幫你釐清想法，並協助
塑造全新、更好的自己後，三個月後再重新出發，尋找
最合適的對象。

簡易占卜法三

◆使用非慣用手依序抽出符文石。
◆取出後不放回已抽出的符文石。
◆適用狀況：隨時。
◆有效期限：依問題而定。

1.主牌　　2.輔助牌　　3.建議牌

◆範例
現在遇到的她會成為我的Miss right嗎？

解：
你的 Miss　right 就在你身邊，要先踏出自己的舒適圈去擁抱她，別再捨近求遠了。

簡易占卜法四

◆將袋裡所有的符文石放在手上
◆將符文石散落在同心圓(請使用書後附贈之 A4 大小同心圓)
◆依據定義將落入同心圓最多的符文留下 (如下頁範例)
◆適用狀況:隨時。
◆有效期限:依問題而定。

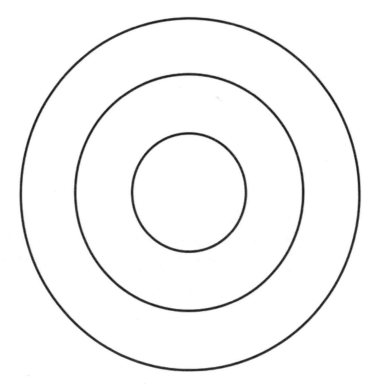

同心圓(示意圖)

範例

我往哪個方向才會找到我的 Mr./Miss right 呢?

定義圖的中心點是住家,上面是北方,下面是南方,右邊是東方,左邊是西方

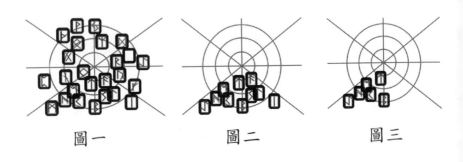

圖一　　　　　圖二　　　　　圖三

解:

從圖一的落點來看,全部 25 個符文石,主要落在南方,再將其他位置的符文石拿掉就更明顯,所以向南方會比較容易找到你的 Mr./Miss right,西南方及東南方觀之西南的符文石更多於東南方的符文石,所以可南偏西南前進,你的運氣會更好一些。

ᚠᚢᚦᚨᚱᚲᚷᚹᚺᚾᛁᛃ

盧恩符文
對應解說

ᛈᛇᛉᛋᛏᛒᛖᛗᛚᛜᛟᛞ

豐饒 Fehu 飛虎

財富權力的表徵。

象徵王者的符文，
如電影魔法公主裡的山獸神一樣，
擁有能量卻孑然一身，
冷靜卻略顯孤獨。

何時會讓我遇到適合的
Mr./Miss right?

符文對應日期區間 6/29～7/14
符文每日對應時間 12：30～13：30

你給人冷靜卻略顯孤獨神秘的感覺，雖然對所愛的人是忠心的，但想要遇到最適合的 Mr./Miss right 之前你要先踏出自己的舒適圈去擁抱大家。

力量 Uruz 烏魯茲

這個符文像是野牛的角,也像小刀刀片。
能量充沛、霸氣十足,責任感強,
但是野牛蠻橫、刀子銳利,
都容易不小心就傷到旁人。

何時會讓我遇到適合的 Mr./Miss right?

符文對應日期區間 7/14～7/29
符文每日對應時間 13:30～14:30

你是不是要求太高了呢?稍微修正一下,眼光別太高,
給人的氣勢也別太強,他/她應該就在不遠處。

雷神 Thurisaz 瑟萊薩茲

像武器的符文(如:雷神之鎚),為黑暗中帶來一道亮光。

願為弱小伸出援手卻又不讓任何人接近,行為衝動,
義氣當前,兩肋插刀,為大義拋棄兒女私情,
雖是有情亦是無情,易信親友,欠缺思考。

何時會讓我遇到適合的
Mr./Miss right?

符文對應日期區間 7/29～8/13
符文每日對應時間 14：30～15：30

建議先把心思放到自己的身上,讓自己變得更好,就
會有更好的他/她等著你喔!

ᚨ 奧丁 Ansuz 安蘇茲

符號像電線杆，
是訊息的傳遞者，可說是資訊之王。

雖然工作能力強，使命必達，擁有許多資源卻不近人
情，擁有智慧卻不懂變通，自我意識過高不懂檢討，
時常忽略周遭人的事情，是拼命三郎個性。

何時會讓我遇到適合的
Mr./Miss right?

符文對應日期區間 8/13～8/29
符文每日對應時間 15：30～16：30

你是個資訊王，平常很容易蒐集資訊的你，別忘了多注
意身邊的人與事，你的他/她或許早已在身邊徘徊呢！

使徒 Raido 瑞斗

符號像在大地上四處漂泊，
居無定所的旅人。
也像是四處奔走傳達訊息、
考察市場的使者。

何時會讓我遇到適合的
Mr./Miss right?

符文對應日期區間 8/29～9/13
符文每日對應時間 16：30～17：30

建議喜歡四處奔走，見多識廣的你，可多參加聯誼，在
活動中找到真誠之人，相信你的 Mr./Miss right 很快
能出現。

烈火 Kenaz 肯納茲

是希望、溫暖與光明的象徵。

充滿正面積極向上之能量，
溫和有耐心，富有同理心，
具有相當毅力，就算身陷困境依舊不放棄希望。

何時會讓我遇到適合的 Mr./Miss right?

符文對應日期區間 9/13～9/28
符文每日對應時間 17：30～18：30

就在近期，但要緊抓住機會，別讓他跑走囉～

奉獻 Gebo 吉福

上天的禮物，Give(給予)，
任何難關都能克服，
有好消息發生。

何時會讓我遇到適合的
Mr./Miss right?

符文對應日期區間　9/28～10/13
符文每日對應時間　18：30～19：30

最近你是否有計劃參加一些志工的活動呢？在服務的
同時，別忘了睜大你的雙眼，在其中尋找你的 Mr./Miss
right 喔！

歡愉 Wunjo 溫究

符號像迎來勝利的旗幟，
但這只是中途站，
不是終點旗幟。

何時會讓我遇到適合的 Mr./Miss right?

符文對應日期區間 10/13～10/28
符文每日對應時間 19：30～20：30

雖然你很想快點跟現在的對象表明心意，但先別著急，
再等等，你真正的 Mr./Miss right 就快要出現了喔！

颶風 Hagalaz 海格爾

> 符號就颶風一樣
> 擁有巨大破壞的力量，
> 如可控制，反而是助力，
> 也代表事情是一體兩面。

何時會讓我遇到適合的 Mr./Miss right?

符文對應**日期**區間 10/28～11/13
符文**每日**對應時間 20：30～21：30

或許你一直覺得的「不適合的」說不定才是「適合的」。
心態平衡，再重新看看周遭或設定條件，或許會有不一
樣的新想法。

需求 Nauthiz 諾瑟斯

符號像拐杖從中間斷掉了一樣，
就像在艱困的環境中，
唯一的支柱也斷裂。

何時會讓我遇到適合的 Mr./Miss right?

符文對應日期區間 11/13～11/28
符文每日對應時間 21：30～22：30

現在並非是尋找 Mr./Miss right 的時刻。建議先請外人幫你釐清想法，並協助塑造全新、更好的自己後，再重新出發，尋找最合適的對象。

冰雪 Isa 意沙

沒有行動力，停止的訊號。
凡事停滯不前，無任何進展，
要打破困境需要時間等待或機緣來臨。

何時會讓我遇到適合的
Mr./Miss right?

符文對應日期區間　11/28～12/13
符文每日對應時間　22：30～23：30

真正的 Mr./Miss right 是需要時間等待的，等你的心像冰雪融化成水之時，自然能相遇，目前暫時不會遇到喔！

豐收 Jera 傑拉

符號就像麥穗實累之豐年祭上，
大家手拉著手圍著圈
一起熱鬧歌舞。

何時會讓我遇到適合的 Mr./Miss right?

符文對應日期區間 12/13～12/28
符文每日對應時間 23：30～00：30

費心地尋找好一陣子了吧?!你的 Mr./Miss right 已近
在咫尺。

紫杉 Eihwaz 艾斯華茲

兩端如同鉤子
作為兩端連結的橋樑。
就像是另一個空間、世界連接的管道。
是溝通的管道。

何時會讓我遇到適合的 Mr./Miss right?

符文對應日期區間 12/28～1/13
符文每日對應時間 00：30～01：30

找個知心契合的，遠比胡亂放矢來的更花時間。等待的時間或許會很久，但有耐心並積極探聽，多參加一些有興趣的社交活動，你的 Mr./Miss right 自然在其中。

聖盃 Perthro 波斯若

把這符文轉個角度 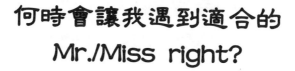，像是一種盛裝的器皿。

很多事情正在醞釀中(是好的發展)，
其中調味是自己可控制的，但若鍋子打翻，
所有調味毀於一旦，試著補救能有機會救回。

何時會讓我遇到適合的
Mr./Miss right?

符文對應日期區間 1/13～1/28
符文每日對應時間 01：30～02：30

你對 Mr./Miss right 的尋求一直不溫不火。這件事不用太在意他人的眼光，按照你原有的步調，自然會相遇。

保護 Algiz 亞吉茲

有很強大的保護性質。

捍衛家園，抵抗敵人，較有戒心。

符文對應日期區間 1/28～2/13
符文每日對應時間 02：30～03：30

你的防禦強，自我戒心重，記得固定每隔一段期間，檢視一下自己的情感，也許你的 Mr./Miss right 早已出現在身邊。

太陽 Sowilo 索威魯

充滿能量，
像太陽般的照耀大地。
代表著成功與愛、受到大家的注目。

何時會讓我遇到適合的
Mr./Miss right?

符文對應日期區間 2/13～2/27
符文每日對應時間 03：30～04：30

你的 Mr./Miss right 已出現了，好好把握，別錯過了。

↑ 戰神 Tiwaz 泰華茲

擁有無比的勇氣去迎接挑戰及難關，
不要猶豫，往前邁進。

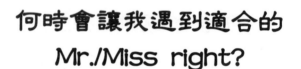

何時會讓我遇到適合的
Mr./Miss right?

符文對應日期區間 2/27～3/14
符文每日對應時間 04：30～05：30

你雖然做事一向無往不利，但在找尋 Mr./Miss right 這件事上，建議要有點耐心。所謂旁觀者清、當局者迷…可以請身邊的朋友給予建議，說不定真正適合的對象，早就在身邊了呢！

生育 Berkanan 伯卡納

符號像懷孕的母親，也像兩座山峰，
有如生育一樣會有辛苦的過程，
意味著重新審視目標。

何時會讓我遇到適合的
Mr./Miss right?

符文對應日期區間 3/14～3/30
符文每日對應時間 05：30～06：30

在找尋 Mr./Miss right 這件事上，你確實比一般人辛苦許多，但別氣餒，再接再厲。加油！

神駒 Ehwaz 愛華茲

這個符文像是英文的 M，
牠是一匹集靈性與聰明才智於一身、
腳踏實地的「神駒」。

有計劃、有目標的執行，
有逐步發展和穩定進步的寓意。

何時會讓我遇到適合的 Mr./Miss right?

符文對應日期區間 3/30～4/14
符文每日對應時間 06：30～07：30

在找尋 Mr./Miss right 這件事上，你的目標明確，勇往直接，感覺這件事來得又急又快，趕快準備好要接招囉！

人類 Mannaz 美那茲

複雜→人心難測，
複雜的程度，有時連自己也猜不透自己。

何時會讓我遇到適合的 Mr./Miss right?

符文對應日期區間 4/14～4/29
符文每日對應時間 07：30～08：30

別把問題想得太複雜，平常心，順其自然，你的 Mr./Miss right 就在不經意之時自然出現。

水 Laguz 拉格茲

水沒有一定形狀，但本質是不變的。

可變化成各種型態，卻又不固定，
看似風趣實則花心，
點子天馬行空、創意無限、創新的想法和思維，
可塑性很高。

何時會讓我遇到適合的
Mr./Miss right?

符文對應日期區間 4/29～5/14
符文每日對應時間 08：30～09：30

你選擇的範圍太大了，建議要先收斂你的選擇條件，這
樣適合你的人才會出現。

211

天使 Ingwaz 英格茲

成功結局。
這是一個象徵大豐收的牌。
過去的辛勞，都轉化為甜美果實，
呈現給付出過努力的自己。

何時會讓我遇到適合的 Mr./Miss right?

符文對應日期區間 5/14～5/29
符文每日對應時間 09：30～10：30

你的 Mr./Miss right 就在你身邊，別再捨近求遠了。

家庭 Othala 歐瑟拉

符文就像用雙手保護自己家人，
責任心重，為了家庭願意付出一切。

何時會讓我遇到適合的 Mr./Miss right?

符文對應日期區間 5/29～6/14
符文每日對應時間 10：30～11：30

想要遇到最合適的對象，可以尋求年長者、家人或好友
的幫助，讓你早日達成夢想。

黎明 Dagaz 達加茲

看著符文，是不是很像無限循環的標誌呢？
是開始也是結束，事情反覆重演，
是好還是不好只在一念之間，
好的方向是越來愈強大，
壞的方向是越來越糟糕。
這表示同一件事情，一直重複、毫無間斷。

何時會讓我遇到適合的 Mr./Miss right?

符文對應日期區間 6/14～6/29
符文每日對應時間 11：30～12：30

你是否在既定的思維下，一直不斷地尋找屬於你的 Mr./Miss right 卻一直不得其門而入？建議換個角度來思考：「要如何改變才能吸引出我的 Mr./Miss right？」當你突破既定的思維，適合你的對象自然會出現。

宇宙 Ward 沃德

無限可能，
代表什麼都有，也可能什麼都沒有。

萬物的起源，
最原始、最純真的時候，
也代表沒想法，隨波逐流，
但卻能發展出上千萬的方向。

何時會讓我遇到適合的
Mr./Miss right?

符文對應日期區間：當你明白之時或無所求之時。
符文每日對應時間：當你明白之時或無所求之時。

你確定你是要找 Mr./Miss right？還是你想獨自一人
呢？建議你先明白自己的心意，自己想要的是什麼？重
新審視自己內心真正的想法，這樣屬於你的 Mr./Miss
right 才會出現喔！

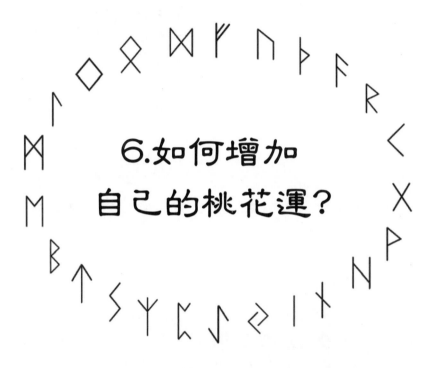

6.如何增加
自己的桃花運?

陣法介紹

☆★☆★☆★　占卜注意事項　★☆★☆☆

一事不多占

多事不一占

啥事要清楚

期限要說明

跟隨心念轉

不窺探他人隱私

★☆★☆★☆★☆★☆★☆★☆★☆★★☆★

簡易占卜法一

◆使用非慣用手，隨機抽取。

◆適用狀況：隨時。

◆有效期限：依問題而定。

簡易占卜法二

◆使用非慣用手依序抽出符文石。
◆取出後不放回已抽出的符文石。
◆適用狀況：隨時。
◆有效期限：依問題而定。

　　1.主牌　　　　2.輔助牌

◆範例
　我要用什麼種類的水晶飾品來增加我的
　桃花運呢？

解：
看起來你是需要走出自己熟悉的舒適圈，挑戰一下新
的模式，讓自己溫和、柔善一點，所以建議在水晶飾
品上，你可以採用白水晶、粉晶、彩彼得、紫水晶、
超七水晶、彩極光來搭配出適合的手鍊或項鍊來提升
桃花運喔！

簡易占卜法三

◆使用非慣用手依序抽出符文石。
◆取出後不放回已抽出的符文石。
◆適用狀況：隨時。
◆有效期限：依問題而定。

1.主牌　　　2.輔助牌　　3.建議牌

◆範例
我要如何提升我的桃花運？

解：
你一直都做得很好，相處上你一直又不溫不火的，是適時改變一下你冷酷的形象了，要多積極的表現，充滿活力地向目標勇往直前，給人多一些溫度與熱情，自然能增加你的桃花運喔！

簡易占卜法四

◆使用非慣用手依序抽出符文石。

◆取出後不放回已抽出的符文石。

◆適用狀況：隨時。

◆有效期限：依問題而定。

1. 主牌　　2. 輔助牌　　3. 建議牌

◆範例

我要調配什麼味道的精油來提升個人桃花運?(簡單選擇有交集的精油作為配方)

解：

你很擅長溝通，除了多花一些心思在說話技巧和穿著打扮，並保有你的特質，對身邊的人多些熱情、開朗與關懷，平和的表現自己外，可將薰衣草、乳香、佛手柑、永久花、橙花調配出你的專屬精油。

PS1. 不知道比例該如何搭配時，最簡單的就是同比例(1:1:1:1:1)就能搭出迷人的香氣喔!

PS2. 想對水晶或精油有更進一步的了解與認識，歡迎參考我們其他專業的課程內容。

簡易占卜法五

◆將袋裡所有的符文石放在手上
◆將符文石散落在同心圓（請使用書後附贈之
　A4 大小同心圓）
◆依據定義將落入同心圓最多的符文留下
　（如下頁範例）
◆適用狀況：隨時。
◆有效期限：依問題而定。

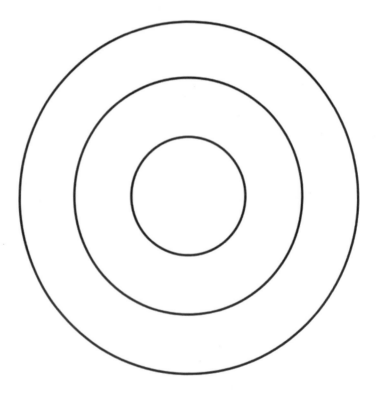

同心圓（示意圖）

範例

我往哪個方向桃花運會比較好呢?

定義圖中心點是住家,上面是北方,下面是南方,右邊是東方,左邊是西方

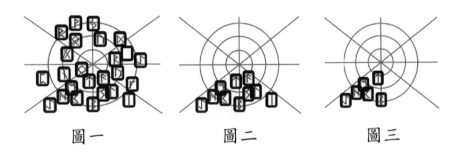

圖一　　　　　　圖二　　　　　　圖三

解:

從圖一的落點來看,全部 25 個符文石,主要落在南方,再將其他位置的符文石拿掉就更明顯,所以向南方桃花運會比較好,西南方及東南方觀之,西南的符文石更多於東南方的符文石,所以可南偏西南前進,你的桃花運會更有利些。

ᚠᚢᚦᚨᚱᚲᚷᚹᚺᚾᛁᛃ

盧恩符文
對應解說

ᛇᛈᛉᛊᛏᛒᛖᛗᛚᛜᛟᛞ

豐饒 Fehu 飛虎

財富權力的表徵。

象徵王者的符文，
如電影魔法公主裡的山獸神一樣，
擁有能量卻孑然一身，
冷靜卻略顯孤獨。

如何增加自己的桃花運？

敞開心胸，多參與團體的活動，花一些心思在說話技巧
和穿著打扮，會有幫助的。

服飾顏色建議：綠色系列
飾品建議： 綠螢石、白水晶、橄欖石、綠草莓
精油建議：玫瑰、橙花、乳香

力量 Uruz 烏魯茲

急躁、情緒控管不易。

這個符文像是野牛的角，也像小刀刀片。
野牛的蠻橫、刀子的銳利，
都會讓你一不小心就傷到旁人。

如何增加自己的桃花運？

多注意自己的情緒控管，溫和適宜地表達想法，自然能
展現你的魅力。相信自己！

服飾顏色建議：靛色
飾品建議：彩彼得、彩幽、紫極光
精油建議：玫瑰天竺葵、羅馬洋甘菊、乳香、芳樟

雷神 Thurisaz 瑟萊薩茲

風雲人物
像武器的符文（如：雷神之鎚），
為黑暗中帶來一道亮光。
願為弱小伸出援手卻又不讓任何人接近，
行為衝動，義氣當前，兩肋插刀，
為大義拋棄兒女私情，雖是有情亦是無情。

如何增加自己的桃花運？

你是個很有義氣的人，但建議身段、態度都需要再放軟。
冰冷、帶刺是旁人對你的感覺，讓自己溫和、柔善一點，
就能提升桃花運喔！

服飾顏色建議：亮白、粉色系列
飾品建議：白水晶、粉晶、彩彼得
精油建議：佛手柑、永久花、橙花、薰衣草、荳蔻、苦
橙葉

奧丁 Ansuz 安蘇茲

理智、有智慧卻不懂變通。
符號像電線杆，是訊息的傳遞者，是資訊之王。
能力強，使命必達，擁有許多資源卻不近人情，
擁有智慧卻不懂變通，自我意識過高不懂檢討，
時常忽略周遭人的事情，是拼命三郎個性。

如何增加自己的桃花運？

對身邊的人多些熱情、開朗與關懷，自然能提升你的風雅情趣。

服飾顏色建議：水藍色
飾品建議：海水藍寶、魔鬼海藍寶、孔雀石、白水晶、天河石、紫黃晶
精油建議：薰衣草、佛手柑、永久花、橙花、甜橙、檸檬、廣藿香

 # 使徒 Raido 瑞斗

四處交友，較無定性。

符號像在大地上四處漂泊，居無定所的旅人。
也像是四處奔走傳達訊息、考察市場的使者。

如何增加自己的桃花運？

你的桃花已經很夠了！反而要增加穩定及內斂，這樣才
能更佳顯示你的風采卓越。

服飾顏色建議：靛色、鐵灰、黑色等深色系
飾品建議：彩彼得、彩幽、紫極光、木化石、拉長石
精油建議：檀香、絲柏、乳香、芫荽、胡蘿蔔籽、廣藿
香、沒藥

烈火 Kenaz 肯納茲

希望、溫暖與光明的象徵。

火炬溫和、充滿正面積極向上之能量，
給別人光亮，也指引自己前方的道路。

如何增加自己的桃花運？

你散發熱情並帶有陽光般燦爛的笑容，已經讓你有很好的人緣了。如果可以再多些愛跟包容，那何止是優秀，根本是完美。

服飾顏色建議：紫色
飾品建議：紫水晶、紫幽、紫鋰輝石、彩極光、藍晶石、彩彼得、彩幽
精油建議：大馬士革玫瑰、薰衣草、乳香、檀香

奉獻 Gebo 吉福

甘願做、用心付出。

上天的禮物，Give(給予)，
任何難關都能克服，有好消息發生。

如何增加自己的桃花運？

你對大家都很好，總是無條件的一直付出，但有時這樣反而會讓別人養成習慣，反而變得不在乎。建議多愛自己一點，學習只給予適當的協助，這反而能讓你更彰顯內在之美。

服飾顏色建議：銀、銀白
飾品建議：紫水晶、白水晶、天鐵。
精油建議：茉莉、乳香、永久花、佛手柑、檸檬、絲柏、杜松漿果

歡愉 Wunjo 溫究

中途站尚未到終點。

符號像迎來的是勝利的旗幟。
符文也像英文的 P，
可以理解為英文的 Pleasure 歡愉、樂趣。

如何增加自己的桃花運？

對任何事物都懂得自我檢討，自我反省，不自滿，勤加努力，自然能增加你的桃花運。

服飾顏色建議：暖紅色、橙色
飾品建議：太陽石、紫黃晶
精油建議：甜橙、葡萄柚、桔、佛手柑、萊姆、檸檬、橙花

颶風 Hagalaz 海格爾

調整心態，重新建立。

符號就颶風一樣擁有巨大破壞的力量，
如可控制，反而是助力。

如何增加自己的桃花運？

你喜歡轟轟烈烈的感覺，愛恨分明，多變的情緒反應會讓旁人，難以適應。建議要先調整自己，了解什麼才是真正的愛與溫暖，轉變自己的心態，平和的對待旁人，自然能增加你的桃花運，展現出你不同的魅力。

服飾顏色建議：金黃色
飾品建議：金太陽草莓、太陽石、黑金超七、白水晶
精油建議：絲柏、玫瑰天竺葵、薰衣草、玫瑰

需求 Nauthiz 諾瑟斯

尋求依靠。

符號像拐杖從中間斷掉了一樣，
就像在艱困的環境中，唯一的支柱也斷裂。

如何增加自己的桃花運？

期待從他人眼中得到自信的你，現階段重要的不是如何
增加桃花運，而是要先學會欣賞自己、了解自己，培養
自信心。當你能欣賞自己的時候，真的桃花自然來臨。

服飾顏色建議：暖紅色、橙色
飾品建議：金太陽草莓、太陽石、粉草莓晶、彩極光、
彩彼得、彩幽
精油建議：甜橙、佛手柑、萊姆、檸檬、佛手柑、橙花、
大馬士革玫瑰、快樂鼠尾草、乳香。

冰雪 Isa 意沙

停止的訊號，凡事停滯不前，無任何進展，
要打破困境需要時間等待或機緣來臨。

像靜止的冰柱極其美麗，
靜靜的等待融雪季節的來臨。

如何增加自己的桃花運？

建議要改變冷酷的形象並勇於表達，給人多一些溫度與熱情，這樣自然能增加你的桃花運！

服飾顏色建議：暖色系
飾品建議：金太陽草莓、太陽石、彩極光
精油建議：佛手柑、大馬士革玫瑰、天竺葵、快樂鼠尾草、乳香、杜松漿果、廣藿香

豐收 Jera 傑拉

「豐收」符文像是兩隻手牽在一起的感覺，
就像阿美族豐年祭一樣。
大家敞開心胸，不管認不認識
都可以牽手、開心地跳舞慶祝。

如何增加自己的桃花運？

你的熱情與活力，已經擁有很好的人緣了。只要保持現狀即可，何需再增加桃花呢？

服飾顏色建議：自己喜歡的顏色均可。
飾品建議：自己喜歡的飾品均可。
精油建議：自己喜歡的味道均可。

紫杉 Eihwaz 艾斯華茲

溝通。

兩端如同鉤子作為兩端連結的橋樑。
就像是另一個空間、世界連接的管道。
是溝通的管道。

如何增加自己的桃花運？

你很擅長溝通，保有你的特質，平和的表現自己，自然
能散發你特有的魅力。

服飾顏色建議：紫色、白色
飾品建議：紫水晶、紫幽、紫鋰輝石、彩極光、白水晶、
天河石
精油建議：薰衣草、乳香、檀香、佛手柑、永久花

聖盃 Perthro 波斯若

悶葫蘆，內在轉變。

把這符文轉個角度 ⊃⊂，像是一種盛裝的器皿。
很多事情正在醞釀中（是好的發展），
其中調味是自己可控制的，但若鍋子打翻，
所有調味毀於一旦，試著補救能有機會救回。

如何增加自己的桃花運？

你一直都做得很好，相處上你一直不溫不火的，建議要
學習多積極的表現，多些明確的表示，自然散發出你溫
文儒雅的魅力。

服飾顏色建議：亮色系
飾品建議：超七水晶、粉水晶、彩極光、紫水晶、紫幽、
藍晶石、草莓晶
精油建議：檸檬、廣藿香、佛手柑、羅馬洋甘菊、德國
洋甘菊

237

保護 Algiz 亞吉茲

不易親近。

符號像保護的工具，
捍衛家園，抵抗敵人，較有戒心。

如何增加自己的桃花運？

建議防禦心不要太重，敞開心溫和的與人相處，多說說內心的想法，讓大家能了解你、明白你，自然能拉近彼此之間的距離。

服飾顏色建議：卡其色、暖色系
飾品建議：茶晶、白水晶、超七水晶、粉水晶、彩極光
精油建議：甜橙、葡萄柚、薰衣草、檸檬、佛手柑、德國洋甘菊、羅馬洋甘菊

太陽 Sowilo 索威魯

充滿能量，無心機，愛分享。

充滿能量，像太陽般的照耀大地。
代表著成功與愛，受大家的注目。

如何增加自己的桃花運？

你亮眼、事事都做得完美。增加桃花只會讓你更容易受到阻力，現階段的你，需要的是休息與放鬆。

服飾顏色建議：紫色
飾品建議：紫水晶、紫幽、紫鋰輝石、彩極光、藍晶石
精油建議：薰衣草、乳香、檀香

↑ 戰神 Tiwaz 泰華茲

勇氣十足。

擁有無比的勇氣去迎接挑戰及難關，
不要猶豫，往前邁進。

如何增加自己的桃花運？

你把焦點全放在增加桃花運了！一波波的對外散發攻勢，很容易失去原來的自己，建議不要過於衝動，自然能散發出你獨有的魅力。

服飾顏色建議：卡其色
飾品建議：茶晶、白水晶、綠松石、紫水晶。
精油建議：玫瑰天竺葵、甜橙、薰衣草、佛手柑、羅馬洋甘菊、永久花

生育 Berkanan 伯卡納

溫柔、耐心、好人緣。

符號像懷孕的母親，也像兩座山峰，
有如生育一樣會有辛苦的過程，
意味著重新審視目標。

如何增加自己的桃花運？

無須刻意進行計畫，只需展現自己最真誠的一面。

服飾顏色建議：膚色
飾品建議：橙石榴、草莓晶、太陽石、粉晶
精油建議：薰衣草、甜橙、佛手柑、羅馬洋甘菊

神駒 Ehwaz 愛華茲

不受拘束、愛自由。

這個符文像是英文的 M，
牠是一匹集靈性與聰明才智於一身、
腳踏實地的「神駒」。
有計劃、有目標的執行，
有逐步發展和穩定進步的寓意。

如何增加自己的桃花運？

你總是活力滿滿精力旺盛地向目標勇往直前，建議有時候還是要緩下腳步，多觀察、多欣賞身旁的人事物，自然能增加你的桃花運喔！

服飾顏色建議：乳白
飾品建議：天河石、白水晶
精油建議：尤加利、薄荷

人類 Mannaz 美那茲

人心難測。

複雜→人心難測，
複雜的程度，有時連自己也猜不透自己。

如何增加自己的桃花運?

別把事情想的太複雜。生活簡單點、思維單純點，事情平凡看待，你的桃花自然而來。

服飾顏色建議：黃、白、黑。（依占卜人自身的種族特性區分，例：黃種人就是黃色）
飾品建議：白水晶、紫水晶、黑碧璽
精油建議：乳香、茶樹、大西洋雪松

↑ 水 Laguz 拉格茲

捉摸不定。

水沒有一定形狀，但本質是不變的。
可變化成各種型態，卻又不固定。

如何增加自己的桃花運？

你隨波逐流的個性很容易與人相處，但也容易讓人覺得你花心。如果想增加桃花運，建議你認真的對待每次相遇的人，敞開心胸，提升自己的素養，自然能展現你獨特的魅力。

服飾顏色建議：金黃色
飾品建議：金太陽草莓、太陽石、黑金超七、白水晶
精油建議：絲柏、玫瑰天竺葵、薰衣草、玫瑰

天使 Ingwaz 英格茲

圓融、穩定。

成功結局。
這是一個象徵大豐收的牌。
過去的辛勞，都轉化回甜美果實
呈現給付出過努力的自己。

如何增加自己的桃花運？

讓心情徹底解放，展現最亮眼的自己。

服飾顏色建議：亮白色
飾品建議：紫水晶、超七水晶、彩極光、彩彼得
精油建議：橙花、甜橙、天竺葵

家庭 Othala 歐瑟拉

宅男宅女。

符文就用雙手保護自己家人，
責任心重，為了家庭願意付出一切。

如何增加自己的桃花運？

建議試著多參加外在的社交活動，多與人互動，先習慣
社交活動後，再思考要如何增加桃花運吧！

服飾顏色建議：暖色系列
飾品建議：薔薇石、太陽石、草莓晶、紫水晶、白水晶
精油建議：玫瑰、天竺葵

黎明 Dagaz 達加茲

無限循環。
符文，像無限循環的標誌，
是開始也是結束，事情反覆重演，
是好還是不好只在一念之間。
這表示同一件事情，一直重複、毫無間斷。

如何增加自己的桃花運？

過去用過的方法有效嗎？不要只侷限在自己所熟悉的領域，有時要勇於嘗試新的方式，開拓不同的視野，走出自己熟悉的舒適圈，挑戰一下新的模式，再從中找到適合自己的方法，自然能打開你的桃花運喔！

服飾顏色建議：亮白
飾品建議：紫水晶、超七水晶、彩極光、彩彼得
精油建議：橙花、甜橙、天竺葵、玫瑰天竺葵、薰衣草、絲柏、杜松漿果

宇宙 Ward 沃德

單純、心態歸零。
無限可能，代表什麼都有，
也可能什麼都沒有。
萬物的起源，最原始、最純真的時候，
也代表沒想法，隨波逐流，
但卻能發展出上千萬的方向。

如何增加自己的桃花運？

建議你調整好自己的狀態，保有簡單的想法、單純的
心思、開闊的心胸，你就會找到適合的方式，來增加
你的魅力。

服飾顏色建議：白色
飾品建議：紫水晶、白水晶、月光石、紫幽、紫鋰輝
石、彩極光、藍晶石、彩彼得、彩幽、薔薇石、太陽
石、草莓晶⋯。
精油建議：自由調配，均可。

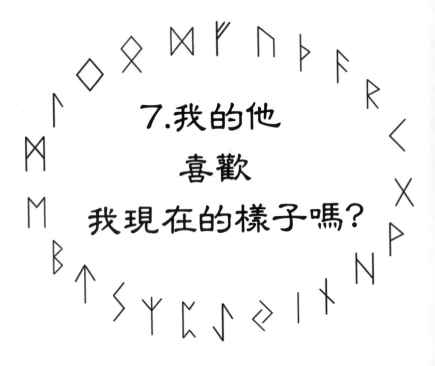

7.我的他
喜歡
我現在的樣子嗎?

陣法介紹

☆★☆★☆★　　占卜注意事項　★☆★☆★☆

一事不多占
多事不一占
啥事要清楚
期限要說明
跟隨心念轉

不窺探他人隱私

★☆★☆★☆★☆★☆★☆★☆★☆★☆★

簡易占卜法一

◆使用非慣用手，隨機抽取。

◆適用狀況：隨時。

◆有效期限：依問題而定。

簡易占卜法二

◆使用非慣用手依序抽出符文石。
◆取出後不放回已抽出的符文石。
◆適用狀況：隨時。
◆有效期限：依問題而定。

1. 主牌　　　2. 輔助牌

◆範例
　他喜歡現在的我嗎？

解：
多保有你現在的溫暖與熱情，多跟他分享你生活上的點
點滴滴，你除了要時常公開確認你們之間的關係外，也
要收斂一下四處漂泊、四處留情的個性，以避免你的他
/她對你的不信任，也不要給其他人產生誤會的狀況，以
免額外為自己製造出爛桃花喔！

簡易占卜法三

◆使用非慣用手依序抽出符文石。
◆取出後不放回已抽出的符文石。
◆適用狀況：隨時。
◆有效期限：依問題而定。

1. 主牌　　　2. 輔助牌　　　3. 建議牌

◆範例
　我要如何才會變成他更喜歡的樣子?

解：
隨和健談的你很容易四處結交朋友，但他會因此而感
到不安，有無法安定的感覺，建議你對他多保有你現
在的溫暖與熱情，多跟他分享你生活上的點點滴滴，
只要別太自我，要多點風趣，自然能拉近彼此的距
離，讓他更喜歡你喔！

ᚠᚢᚦᚨᚱᚲᚷᚹᚺᚾᛁᛃ

盧恩符文
對應解說

ᛄᛈᛇᛉᛋᛏᛒᛖᛗᛚᛜᛟᛞ

豐饒 Fehu 飛虎

獨立又神秘。

象徵王者的符文，
如電影魔法公主裡的山獸神一樣，
擁有能量卻孑然一身，冷靜卻略顯孤獨。

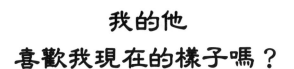

我的他
喜歡我現在的樣子嗎？

雖然你自己覺得自己是平淡溫和的，但你的他/她覺得你又獨立又神秘，能力強，領導、支配、掌控力都很好，會讓他感覺對你看似了解，但又感覺摸不透你。

如果希望他/她更喜歡你，建議要多敞開心胸與他溝通、談心，多一起參與團體的活動，留下更多彼此甜美的回憶。

力量 Uruz 烏魯茲

急躁、情緒控管不易。

這個符文像是野牛的角，也像小刀刀片。
野牛的蠻橫、刀子的銳利，
都會讓你一不小心就傷到旁人。

我的他
喜歡我現在的樣子嗎？

雖然你總是能量充沛、霸氣十足，但過度堅持自己的想法，總是會讓他/她覺得你是死腦筋、不懂變通之人。

如果希望他/她更喜歡你，建議要在溝通或發表意見之前，先深呼吸 3 次後，平衡一下自己的情緒並重新思量，再給予更溫和適宜的表達，或讓對方多說一些，不要急著發表自己的想法。這樣久而久之才能緩和彼此的磨擦緩和你們之間緊張的關係喔！

雷神 Thurisaz 瑟萊薩茲

風雲人物。
像武器的符文(如：雷神之鎚)，
為黑暗中帶來一道亮光。
願為弱小伸出援手卻又不讓任何人接近，
行為衝動，義氣當前，兩肋插刀，
為大義拋棄兒女私情，雖是有情亦是無情。

我的他
喜歡我現在的樣子嗎？

在外人的眼裡，你是個很有義氣的人。但你的他/她會覺得你都把思心放在別人的身上，心裡正埋怨著。

如果希望他/她更喜歡你，建議要多把心思放在他/她的身上，多增加兩人一起相處的時間，關心他/她真正的需求及想法，千萬別將自己的要求或想法過度地強壓給他人，按照對方的需求，製造甜蜜的回憶，不要老是把心思放在無關緊要的人身上喔！

奧丁 Ansuz 安蘇茲

理智、有智慧卻不懂變通。
符號像電線杆，是訊息的傳遞者，是資訊之王。
能力強，使命必達，擁有許多資源卻不近人情，
擁有智慧卻不懂變通，自我意識過高不懂檢討，
時常忽略周遭人的事情，是拼命三郎個性。

我的他
喜歡我現在的樣子嗎？

你的他／她喜歡你的聰明才智，對很多事都能無所不知，但他／她卻對你的太理智、缺乏人情味又不懂得變通而有些卻步。

如果希望他／她更喜歡你，建議別太自我，要多點風趣，雖然你可以很理智的談心，但感性一點會拉近彼此的距離，想想你是喜歡跟冰冷的機器人一起生活？還是喜歡跟風趣一點的真人在一起呢？

使徒 Raido 瑞斗

四處交友，較無定性。

符號像在大地上四處漂泊，
居無定所的旅人。
也像是四處奔走傳達訊息、考察市場的使者。

我的他
喜歡我現在的樣子嗎？

你隨和健談很容易四處結交朋友，但你的他/她會覺得
你是個遊手好閒、不務正業或四處留情的人，會因此而
感到不安，有無法安定的感覺。

如果希望他/她更喜歡你，建議一方面你要時常公開確
認你們之間的關係外，另一方面也要收斂一下四處漂泊、
四處留情的個性，以避免你的他/她對你的不信任，也不
要給其他人產生誤會的狀況，以免製造出爛桃花喔！

烈火 Kenaz 肯納茲

希望、溫暖與光明的象徵。

火炬溫和、充滿正面積極向上之能量，
給別人光亮，也指引自己前方的道路。

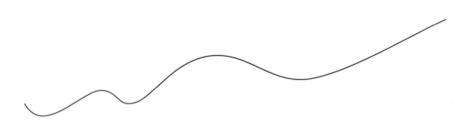

我的他
喜歡我現在的樣子嗎？

他/她很喜歡你散發熱情並帶有陽光般燦爛的笑容，也喜歡你擁有同情心及樂善好施的特質，對他/她而言，你是至寶，是相遇的歡喜。

建議相處時，多保有你現在的溫暖與熱情，多跟他/她分享你生活上的點點滴滴，自然能開開心心的在一起。

奉獻 Gebo 吉福

甘願做、用心付出。

上天的禮物，Give(給予)，
任何難關都能克服，有好消息發生。

我的他
喜歡我現在的樣子嗎？

你對他/她是無條件的一直付出，把對方照顧的無微不至。但這些真的是他/她也想要的嗎？

如果希望他/她更喜歡你，建議有時也要讓彼此之間保持一點點距離，避免給對方壓力。也不要像老母親一樣的把對方寵壞慣壞。要相信他/她的能力，與其無微不至的照顧，不如轉化為適時給予鼓勵。多愛自己一點，相信在你有智慧的相處下，會走得更加長遠。

歡愉 Wunjo 溫究

中途站尚未到終點。

符號像迎來的是勝利的旗幟。
符文也像英文的 P，
可以理解為英文的 Pleasure 歡愉、樂趣。

我的他
喜歡我現在的樣子嗎？

他/她和你的相處是輕鬆的、是愉快的，但僅限於此，如果想長遠的規劃在一起，還是需要一些努力。

如果希望他/她更喜歡你，建議適時檢視自己、做機動性的微調，你們之間的感情還未到終點站，還是要多主動的付出，才會得到真正的共鳴！

颶風 Hagalaz 海格爾

調整心態，重新建立。

符號就颶風一樣
擁有巨大破壞的力量，
如可控制，反而是助力。

我的他
喜歡我現在的樣子嗎？

你喜歡轟轟烈烈的感覺，愛恨分明，多變的情緒反應會讓他/她覺得你讓人捉摸不定，難以適應。

如果希望他/她更喜歡你，建議先靜下心來好好的檢視自己，轉變自己的心態重新讓他/她認識嶄新的你，自然能讓彼此有新的機會。

需求 Nauthiz 諾瑟斯

尋求依靠。

符號像拐杖從中間斷掉了一樣，
就像在艱困的環境中，唯一的支柱也斷裂。

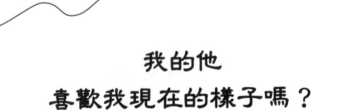

我的他
喜歡我現在的樣子嗎？

你對愛有強烈的需求，很希望被愛，若沒有了愛，會讓你感覺孤獨寂寞寒冷，所以常會希望能相處在一起，但過度對愛的渴望會讓他/她有所卻步、有所壓力。

如果希望他/她更喜歡你，建議不要慌張不要過於憂慮，在生活上能找到新的重心，與他/她分享自己的新學習，自然能平和彼此的關係。

冰雪 Isa 意沙

停止的訊號，
凡事停滯不前，無任何進展，
要打破困境需要時間等待或機緣來臨。

像靜止的冰柱極其美麗，
靜靜的等待融雪季節的來臨。

我的他
喜歡我現在的樣子嗎？

你的內向或害羞的表現，會讓他/她覺得相當的冷漠，有點行如陌路的感覺。

如果希望他/她更喜歡你，建議先調整好自己的心情，找回原有細膩的情感，並改變冷酷的形象勇於表達，這樣才能有甜蜜的互動，美好的回憶喔！

豐收 Jera 傑拉

「豐收」符文像是
兩隻手牽在一起的感覺，
就像阿美族豐年祭一樣。
大家敞開心胸，
不管認不認識都可以牽手、開心地跳舞慶祝。

我的他
喜歡我現在的樣子嗎？

在他/她的眼裡，你熱情又充滿活力，喜歡你現在的樣子

建議要一直保持著現有的熱情與活力喔！

265

紫杉 Eihwaz 艾斯華茲

溝通。

兩端如同鉤子作為兩端連結的橋樑。
就像是另一個空間、世界連接的管道，
是溝通的管道。

我的他
喜歡我現在的樣子嗎？

你很擅長溝通，讓他/她覺得你們只是一般的朋友，因為你對任何人都是一樣的。

如果希望他/她更喜歡你，建議除了保有你擅長溝通的能力之外，更要讓對方覺得對你而言他/她是獨一無二的，這樣才能更愉快地相處在一起！

聖盃 Perthro 波斯若

悶葫蘆，內在轉變。
把這符文轉個角度 ㄥㄑ，像是一種盛裝的器皿。

很多事情正在醞釀中（是好的發展），
其中調味是自己可控制的，但若鍋子打翻，
所有調味毀於一旦，試著補救能有機會救回。

我的他
喜歡我現在的樣子嗎？

在相處上你一直不溫不火的，會讓他/她覺得你像個悶葫蘆，彼此雖然在一起，但實則感覺曖昧不清、沒有安定感，也沒有安全感。

如果希望他/她更喜歡你，建議要積極的做內在的轉化，多些明確的表示，自然會在彼此的內心，添加更多甜蜜的滋味囉！

保護 Algiz 亞吉茲

不易親近。

符號像保護的工具，
捍衛家園，抵抗敵人，較有戒心。

我的他
喜歡我現在的樣子嗎？

你的防禦心很重，不隨意表達自己的內心，讓他/她覺得
你是個城府很深，很多秘密的人，難以靠近。

如果希望他/她更喜歡你，建議防禦心不要太重，舒服的
相處，多說說自己內心的想法，讓對方能了解你，明白
你，自然能拉近彼此之間的距離。

太陽 Sowilo 索威魯

充滿能量，無心機，愛分享。

充滿能量，像太陽般的照耀大地。
代表著成功與愛，受大家的注目。

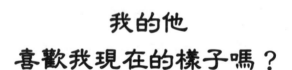

我的他
喜歡我現在的樣子嗎？

他/她眼中的你像陽光般的亮眼，是個無時無刻都充滿
能量之人，沒有什麼心機，也愛分享。

只要繼續保有你的真誠，做最真的你，他/她自然會充滿
安全感。

↑ 戰神 Tiwaz 泰華茲

勇氣十足。

擁有無比的勇氣去迎接挑戰及難關，
不要猶豫，往前邁進。

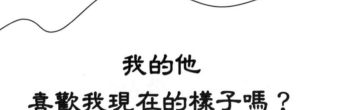

我的他
喜歡我現在的樣子嗎？

你在與他/她相處時都是主動追求，看是比較積極的一
方，但這會讓他/她有壓力，覺得你的佔有慾很強。

如果希望他/她更喜歡你，建議別忘了展現柔情的這一
面，有時不要過於衝動，有時也要學會相敬如賓，這樣
才能比較長遠的相處喔！

生育 Berkanan 伯卡納

溫柔、耐心、好人緣。

符號像懷孕的母親，也像兩座山峰，
有如生育一樣會有辛苦的過程，
意味著重新審視目標。

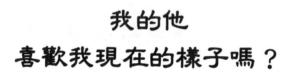

我的他
喜歡我現在的樣子嗎？

你對他的照顧與關懷，讓他/她感覺很溫暖，很溫柔，很
自在的相處。

保有你的溫柔與單純，但也要照顧好自己，這樣他/她自
然喜歡跟你長久相處在一起。

神駒 Ehwaz 愛華茲

不受拘束、愛自由。

這個符文像是英文的 M，
牠是一匹集靈性與聰明才智於一身、
腳踏實地的「神駒」。
有計劃、有目標的執行，
有逐步發展和穩定進步的寓意。

我的他
喜歡我現在的樣子嗎？

在他/她的眼裡，你總是活力滿滿精力旺盛地向目標勇
往直前，但他/她反而覺得你更愛自由勝過於兩人在一
起。

如果希望他/她更喜歡你，建議有時也要停下腳步關心
一下他/她的感受，這樣才能兩情相悅的在一起喔！

人類 Mannaz 美郍茲

人心難測。

複雜→人心難測，
複雜的程度，有時連自己也猜不透自己。

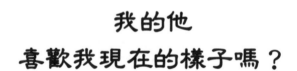

我的他
喜歡我現在的樣子嗎？

你總會把事情想的有些複雜，難以捉摸的個性，讓他/她很苦惱總是不知道你在想什麼。

如果希望他/她更喜歡你，建議還是可以保有對事物的高度敏銳。簡單化的表達，簡單化的看待，自然能相處的輕鬆自在。

↑ 水 Laguz 拉格兹

捉摸不定。

水沒有一定形狀，但本質是不變的。
可變化成各種型態，卻又不固定。

我的他
喜歡我現在的樣子嗎？

你隨波逐流的個性很容易與人相處,但在他/她的眼裡,
這樣的你是個花心,處處留情的人,很難給人安全感。

如果希望他/她更喜歡你,多花些心思在對方的身上,自
然能好好的相處在一起。

天使 Ingwaz 英格茲

圓融、穩定。
成功結局。
這是一個象徵大豐收的牌。
過去的辛勞，
都轉化回甜美果實
呈現給付出過努力的自己。

我的他
喜歡我現在的樣子嗎？

歷盡千辛萬苦，一路相互扶持到現在，他/她喜歡你們這樣在一起穩定的感覺。

相愛容易相處難，別忘了一直保有以誠相待的真性情，保有你們一路相互扶持的感覺喔！

家庭 Othala 歐瑟拉

以結婚為前提。

符文就用雙手保護自己家人，
責任心重，為了家庭願意付出一切。

我的他
喜歡我現在的樣子嗎？

你是比較以家為重心的人，生活圈很小，沒有太多外在的活動，這讓他/她有覺得你過宅，沒有什麼人際關係。

如果希望他/她更喜歡你，建議不要只以結婚為前提來決定要不要相處，而是試著多一同參與外在的社交活動，這樣你們的相處才會添增更多的樂趣。

黎明 Dagaz 達加茲

無限循環。
符文，像無限循環的標誌，
是開始也是結束，事情反覆重演，
是好還是不好只在一念之間，
好的方向是越來愈強大，壞的方向是越來越糟糕。
這表示同一件事情，一直重複、毫無間斷。

我的他
喜歡我現在的樣子嗎？

你們在一起總是一直重複同樣的事，不斷的循環沒有新意，這讓他/她覺得平淡無奇，在一起的時候有食之無味的感覺。

如果希望他/她更喜歡你，建議不要只侷限一起做自己所熟悉的事物，有時要勇於嘗試新的領域，開拓不同的視野，才能讓彼此的相處有所增溫喔！

宇宙 Ward 沃德

單純、心態歸零。

無限可能，代表什麼都有，也可能什麼都沒有。
萬物的起源，最原始、最純真的時候，
也代表沒想法，隨波逐流，
但卻能發展出上千萬的方向。

我的他
喜歡我現在的樣子嗎？

現在的你應該是處於空窗時期，準備重新開始，沒有對
象。

白紙是可任由揮灑的，建議你調整好自己的狀態，保有
簡單的想法、單純的心思、開闊的心胸，等著有緣的他
/她自然的出現吧！

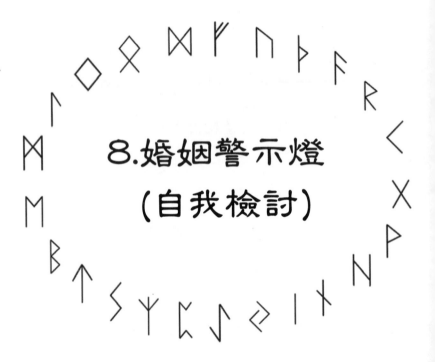

8.婚姻警示燈

(自我檢討)

陣法介紹

☆★☆★☆★　　占卜注意事項　★☆★☆★☆

一事不多占
多事不一占
啥事要清楚
期限要說明
跟隨心念轉

不窺探他人隱私

★☆★☆★☆★☆★☆★☆★☆★☆★☆★☆★

簡易占卜法一

◆使用非慣用手，隨機抽取。

◆適用狀況：隨時。

◆有效期限：依問題而定。

簡易占卜法二

◆使用非慣用手依序抽出符文石。
◆取出後不放回已抽出的符文石。
◆適用狀況：隨時。
◆有效期限：依問題而定。

1. 主牌　　　　2. 輔助牌

◆範例
　我的婚姻要注意什麼嗎？

解：
雖然已經結婚生活在一起了，但你有話不直說，像個悶葫蘆。建議要適時檢視自己，積極的做內在的轉化，多些明確的表示，你們之間還是要多主動的付出，多一些生活上共同的計畫，才會得到真正的共鳴，為生活多添加一些樂趣、情趣。

簡易占卜法三

◆使用非慣用手依序抽出符文石。
◆取出後不放回已抽出的符文石。
◆適用狀況：隨時。
◆有效期限：依問題而定。

1.主牌

2.輔助牌

3.建議牌

◆範例
　最近老公總是沈默不語，我們的婚姻發生了甚麼問題?

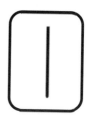

解：

你們過於熟悉，在一起早已成了一種習慣，生活沒有任何的火花，像結了冰似的靜止不動。不要慌張、不要過於憂慮，建議你調整好自己的狀態，找回原有細膩的情感，在生活上能找到新的重心，學習獨立些，不要過份地依賴對方，在新的轉變中，保有簡單的想法、單純的心思、開闊的心胸，與他/她重新計劃新的生活，回到剛開始認識的心態，一切重新開始，創造新未來。生活自然會美好與和諧喔！

ᚠᚢᚦᚨᚱᚲᚷᚹᚺᚾᛁ

盧恩符文
對應解說

ᛃᛈᛇᛉᛋᛏᚦᛒᛖᛗᛚᛝᛟᛞ

豐饒 Fehu 飛虎

財富權力的表徵。
象徵王者的符文,
如電影魔法公主裡的山獸神一樣,
擁有能量卻子然一身,
冷靜卻略顯孤獨。

婚姻警示燈(自我檢討)

雖然你自己覺得自己是平淡溫和的,但你的他/她覺得
你又獨立又神秘,能力強,領導、支配、掌控力都很好,
會讓他/她感覺即使已經結婚了,表面上雖是親近,但實
際上還是摸不透你。

建議要常思考:
我是不是太強勢了?是不是太大男/女人主義了…?
我是不是太自我了,沒有為對方想?
我是不是沒有體諒對方?
要多敞開心胸與他/她溝通,多一起參與團體的活動,留
下更多彼此甜美的回憶,這樣你們之間關係自然更加緊
密。

力量 Uruz 烏魯茲

這個符文像是野牛的角，也像小刀刀片。
能量充沛、霸氣十足，責任感強，
易怒，情緒控管不易，死腦筋，不懂變通，
看不清事實的狀況要先做調整。

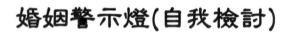

婚姻警示燈(自我檢討)

雖然你總是能量充沛、霸氣十足，但過度堅持自己的想法，總是會讓他/她覺得你是死腦筋、不懂變通之人。

建議要常思考：
我是不是太固執了？
我是不是太情緒化了？
我們之間是不是有太多的不公平需要溝通溝通…？

建議要在溝通或發表意見之前，先平衡一下自己的情緒並重新思量，讓對方多說一些，不要急著發表自己的想法。這樣久而久之才能緩和彼此的磨擦，緩和你們之間緊張的關係喔！

ᚦ 雷神 Thurisaz 瑟萊薩茲

像武器的符文（如：雷神之鎚），
為黑暗中帶來一道亮光。
願為弱小伸出援手卻又不讓任何人接近，行為衝動，
義氣當前，兩肋插刀，為大義拋棄兒女私情，
雖是有情亦是無情。

婚姻警示燈(自我檢討)

在外人的眼裡，你是個很有義氣的人。但你的他/她會覺得雖然都已經結婚了，但你還是都把思心放在別人身上，心裡正埋怨著呢！

建議要常思考：
我是不是常忽略他/她的感受?我是不是沒有在意他/她的想法?我為何不多花點心思在他/她的身上?
建議多把心思放在他/她的身上，多增加兩人一起相處的時間，關心對方真正的需求及想法，千萬別將自己的要求或想法過度地強壓給他人，按照對方的需求，製造小倆口甜蜜的回憶，不要老是把心思放在無關緊要的人身上喔！

奧丁 Ansuz 安蘇茲

符號像電線杆，
是訊息的傳遞者，可說是資訊之王。
雖然工作能力強，使命必達，擁有許多資源卻不近人
情，擁有智慧卻不懂變通，自我意識過高不懂檢討，
時常忽略周遭人的事情，是拼命三郎個性。

婚姻警示燈(自我檢討)

你的他/她喜歡你的聰明才智，對很多事都能無所不知，
但他/她卻對你的太理智、缺乏人情味又不懂得變通有
些感冒。

建議要常思考：
我是不是對他/她太冷漠，太不關心？我是不是事業心
太強，忽略了…，冷落了…？我能對他/她再熱情一些嗎？
我能多花一些心思去了解他/她嗎？
建議別太自我，要多點風趣，雖然你可以理智的談心，
但感性一點會拉近彼此的距離，想想你是喜歡跟冰冷的
機器人一起生活？ 還是喜歡跟風趣一點的真人在一起
呢？

使徒 Raido 瑞斗

符號像在大地上四處漂泊，
居無定所的旅人。
也像是四處奔走傳達訊息、考察市場的使者。

婚姻警示燈(自我檢討)

你隨和及健談的個性，很容易四處結交朋友，但你的他/她會覺得你是個遊手好閒、不務正業或四處留情的人，即使已經結婚了，還是會對婚姻感到不安。

建議要常思考：
我是不是太沒耐心？
我是不是太不負責任…？
這裡是家不是旅館，我是不是該減少對外活動…？

婚姻不是兒戲，建議避免你的他/她對你的不信任，你要收斂四處漂泊、四處留情的個性，好好地對家庭負責任。也不要給其他人產生誤會的狀況，以免製造出爛桃花喔！

烈火 Kenaz 肯納茲

是希望、溫暖與光明的象徵。

充滿正面積極向上之能量，
溫和有耐心，富有同理心，具有相當毅力。

婚姻警示燈(自我檢討)

他/她很喜歡你散發熱情並帶有陽光般燦爛的笑容，也喜歡你擁有同情心及樂善好施的特質，對他/她而言，你是至寶，是相遇的歡喜。

建議要常思考：
我是不是愛得不夠多？我是不是還可以更愛他/她一些

建議除了保有你現在的溫暖與熱情，生活上也可多製造一些小驚喜，也可以一起策劃出遊的活動，讓每一天充滿了歡喜與溫馨。

 奉獻 Gebo 吉福

上天的禮物，Give(給予)，
任何難關都能克服，
有好消息發生。

婚姻警示燈(自我檢討)

你對他/她是無條件的一直付出，把對方照顧的無微不至。但這些真的是他/她也想要的嗎?

建議要常思考：
我是不是愛到讓他/她沒有喘息的空間？

有時也要讓彼此之間保有一點點距離，不要給對方壓力，不要像老母親一樣的把對方寵壞慣壞。要相信他/她的能力，與其無微不至的照顧，不如轉化為適時給予鼓勵。

歡愉 Wunjo 溫究

符號像迎來勝利的旗幟，
但這只是中途站，
不是終點旗幟。

婚姻警示燈(自我檢討)

他/她和你的相處是輕鬆的、是愉快的，但這樣真的就好了嗎？已經很棒了嗎？

建議要常思考：
要怎麼改變，我們才能變得更融洽？
這樣真的就可以了嗎？足夠了嗎？已經很棒了嗎？
是不是還有更好的方法可以…？

建議適時檢視自己、做機動性的微調，你們之間還是要多主動的付出，才會得到真正的共鳴，還有更多的方式可以增加生活的情趣。

颶風 Hagalaz 海格爾

符號就颶風一樣
擁有巨大破壞的力量，
如可控制，反而是助力，

婚姻警示燈(自我檢討)

你多變的情緒反應，會讓他/她總是覺得難以適應。

建議要常思考：
我的情緒可以平穩些嗎？
我可以讓他/她覺得安定些嗎?
可以讓家裡的生活環境平順些嗎?

建議先靜下心來好好地檢視自己，轉變自己的心態，讓生活上能平和一些，避免像暴風般的襲擊，平凡的生活也是一種快樂！

需求 Nauthiz 諾瑟斯

符號像拐杖從中間斷掉了一樣，
就像在艱困的環境中，
唯一的支柱也斷裂。

婚姻警示燈(自我檢討)

你對愛有強烈的需求，常會希望能相處在一起，但過度對愛的渴望讓他/她很有壓力。

建議要常思考：
我真的只能依靠他/她無法自己處理嗎？
我真的一分一秒都不能沒有他/她嗎？
我很棒，可以自己處理好很多事的。

建議不要慌張、不要過於憂慮，在生活上能找到新的重心，學習獨立些，不要過份地依賴對方，在新的轉變中，證明一下，你一個人的時候也是可以處理好很多事情的

293

冰雪 Isa 意沙

停止的訊號，凡事停滯不前，無任何進展，
要打破困境需要時間等待或機緣來臨。

像靜止的冰柱極其美麗，
靜靜地等待融雪季節的來臨。

婚姻警示燈(自我檢討)

你們過於熟悉，在一起早已成了一種習慣，生活沒有任
何的火花，像結了冰似的靜止不動。

建議要常思考：
我的熱情都去哪裡了？
我要如何表達才能讓他/她知道我的心意？

建議先調整好自己的心情，找回原有細膩的情感，勇於
表達，這樣才能有甜蜜的互動，生活自然會回到原有的
美好與和諧喔！

豐收 Jera 傑拉

符號就像麥穗實累之豐年祭上，
大家手拉著手圍著圈一起熱鬧歌舞。
也代表著正確與善意的行動。

婚姻警示燈(自我檢討)

在他/她的眼裡，你熱情又充滿活力，喜歡你現在的樣子

建議要常思考：
跟他/她在一起，真的好幸福喔！
感謝上天讓我們能相遇，並結為連理。我要如何一直保
有現在的幸福呢？

要一直保持著現有的熱情與活力喔！

紫杉 Eihwaz 艾斯華茲

兩端如同鉤子
作為兩端連結的橋樑。
就像是另一個空間、世界連接的管道。
是溝通的管道。

婚姻警示燈(自我檢討)

你很擅長溝通,但會讓他/她覺得自己在你心中沒有很特別,好像對任何人都是一樣的。

建議要常思考:
是不是太久沒有好好地說話了呢?
我要如何才能讓他/她覺得:自己是獨一無二的存在?

建議除了保有你擅長溝通的能力之外,有時可以製造個小驚喜,或做些特別的事情或活動,讓他/她覺得對你而言自己真的是獨一無二的。

聖盃 Perthro 波斯若

象徵著追求內在的轉變。

把這符文轉個角度 ，像是一種盛裝的器皿。
很多事情正在醞釀中（是好的發展），
其中調味是自己可控制的，
但若鍋子打翻，所有調味毀於一旦，
試著補救能有機會救回。

婚姻警示燈(自我檢討)

雖然已經結婚生活在一起了，但你的脾氣一直不溫不火的，反而讓他/她覺得你有話不直說，像個悶葫蘆。

建議要常思考：
休息一下，今天別煮了，我們好久沒去吃你喜歡的那家…

今天要一起做個什麼特別的事？或特別的料理？
建議要積極地作內在的轉化，多些明確的表示，多一些生活上共同的計畫，為生活多添加一些樂趣、情趣。

保護 Algiz 亞吉茲

符號像保護的工具，
捍衛家園，抵抗敵人，較有戒心。

婚姻警示燈(自我檢討)

你的防禦心很重，不隨意表達自己的內心想法，即使已經結婚在一起了，還是讓他/她覺得你是個城府很深，很多秘密的人。

建議要常思考：
我們去旅行吧！好好放鬆心情…
我想告訴他/她…

建議要多一起計畫戶外活動，不要老是宅在家裡，走向大自然，敞開心扉，讓生活的觸角能有所延伸，才能增添生活上的情趣喔！

太陽 Sowilo 索威魯

充滿能量，
像太陽般的照耀大地。
代表著成功與愛、受到大家的注目。

婚姻警示燈(自我檢討)

你是個無時無刻都充滿能量之人，沒有什麼心機，也愛分享。這讓他/她覺得是完全被愛的、被照顧和支持的。

建議要常思考：
感謝上天讓我們相遇，做什麼能更好呢？
我們是不是能愛屋及屋，把生活的喜悅，分享給…

建議只要繼續保有你的真誠，做最真的你，他/她自然會充滿安全感。

↑ 戰神 Tiwaz 泰華茲

擁有無比的勇氣去迎接挑戰及難關，
不要猶豫，往前邁進。

婚姻警示燈(自我檢討)

在生活上你都是主動追求，看似比較積極的一方，但這會讓他/她有壓力，覺得你的佔有慾很強。

建議要常思考：
我是不是太衝動了？
我是不是不夠冷靜？

建議別忘了展現柔情的一面，不要過於衝動，有時也要學會相敬如賓，這樣才能比較長遠的相處喔！

生育 Berkanan 伯卡納

符號像懷孕的母親，也像兩座山峰，
有如生育一樣會有辛苦的過程，
意味著重新審視目標。

婚姻警示燈(自我檢討)

你對他的照顧與關懷，讓他/她感覺很溫暖，很溫柔，很
自在的相處。

建議要常思考：
我們能計畫生個 baby 嗎？（依實際狀況）
所有的困難我都陪著你一起克服。不要怕，一切有我。

建議保有你的溫柔與單純，但也要照顧好自己，這樣他
/她自然喜歡跟你長久相處在一起。

神駒 Ehwaz 愛華茲

這個符文像是英文的 M，
牠是一匹集靈性與聰明才智於一身、
腳踏實地的「神駒」。
有計劃有目標的執行，
有逐步發展和穩定進步的寓意。

婚姻警示燈(自我檢討)

你總是活力滿滿精力旺盛地向目標勇往直前，但他/她反而覺得你更愛自由勝過與他/她在一起。

建議要常思考：
生活步調是不是差距太大了？
我是不是太過熱愛自由了？

建議有時也要停下腳步關心一下他/她的感受，一起歡笑，一起悲傷，兩個人一同為生活努力，共建目標。

人類 Mannaz 美邪茲

複雜→人心難測，
複雜的程度，有時連自己也猜不透自己。

婚姻警示燈(自我檢討)

你總會把事情想得有些複雜，難以捉摸的個性，讓他/她很苦惱總是不知道你在想什麼。

建議要常思考：
我是不是想得太多了？想得複雜了？

建議還是可以保有對事物的高度敏銳，但簡單化的表達簡單化的看待，生活其實很簡單的。

水 Laguz 拉格茲

水沒有一定形狀，但本質是不變的。

可變化成各種型態，卻又不固定，
看似風趣實則花心，
點子天馬行空、創意無限、創新的想法和思維，
可塑性很高。

婚姻警示燈(自我檢討)

已經結婚了，但你那隨波逐流的個性，讓他/她苦惱，總是感到不安。

建議要常思考：
我是不是不夠穩定？
我是不是對其他人太好了？

建議多花些心思在他/她的身上，自然能好好地相處在一起。

天使 Ingwaz 英格茲

成功結局。
這是一個象徵大豐收的牌。
過去的辛勞,都轉化為甜美果實,
呈現給付出過努力的自己。

婚姻警示燈(自我檢討)

歷盡千辛萬苦,一路相互扶走到現在,他/她喜歡你們這樣在一起穩定的感覺。

建議要常思考:
感謝上天的疼愛讓我們能相愛在一起,希望一直能多愛自己一點,多愛對方一點。

相愛容易相處難,別忘了一直保有以誠相待的真性情,保有你們一路相互扶持的感覺喔!

家庭 Othala 歐瑟拉

符文就像用雙手保護自己家人，
責任心重，為了家庭願意付出一切。

婚姻警示燈(自我檢討)

你是比較以家為重心的人，生活圈很小，沒有太多外在
的活動，這讓他/她覺得你"過宅"，沒有什麼人際關係。

建議要常思考：
我們是不是要多一同參與外在的社交活動？
要不要帶著家人和朋友一起去露營一下…？
週末假日要安排什麼社交活動呢？

建議試著多一起參加戶外活動，這樣你們的相處才會增
添更多的樂趣。

黎明 Dagaz 達加茲

看著符文，是不是很像無限循環的標誌呢？
是開始也是結束，事情反覆重演，
是好還是不好只在一念之間，
好的方向是越來愈強大，壞的方向是越來越糟糕。
這表示同一件事情，一直重複、毫無間斷。

婚姻警示燈(自我檢討)

即使結婚了，你們在一起總是一直重複同樣的事，不斷地循環沒有新意，平淡無奇，在一起的時候有食之無味的感覺。

建議要常思考：
是不是生活太呆版？
是不是枯燥乏味、無趣、缺乏驚喜？
是不是該有點…創新的活動？

建議不要只侷限兩人一起做自己所熟悉的事物，有時要勇於嘗試新的領域，開拓不同的視野，才能讓彼此的相處有所增溫喔！

宇宙 Ward 沃德

無限可能，
代表什麼都有，也可能什麼都沒有。
萬物的起源，最原始、最純真的時候，
也代表沒想法，隨波逐流，
但卻能發展出上千萬的方向。

婚姻警示燈(自我檢討)

現在的你應該是處於空窗時期，準備重新開始。

建議要常思考：
我們是不是又可以重新開始？
我們是不是可以再創新局？

建議你調整好自己的狀態，保有簡單的想法、單純的心思、開闊的心胸，與他/她重新計劃新的生活，回到剛開始認識的心態，一切重新開始，創造新未來。

9.穿搭補運
顏色建議

陣法介紹

一事不多占
多事不一占
啥事要清楚
期限要說明
跟隨心念轉

不窺探他人隱私

★☆★☆★☆★☆★☆★☆★☆★☆★☆★

簡易占卜法一

◆使用非慣用手，隨機抽取。

◆適用狀況：隨時。

◆有效期限：依問題而定。

310

簡易占卜法二

◆使用非慣用手依序抽出符文石。
◆取出後不放回已抽出的符文石。
◆適用狀況：隨時。
◆有效期限：依問題而定。

1. 主牌　　　2. 輔助牌

◆範例
　今天我適合穿什麼顏色的衣服去約會？

解：
今天的約會適合以亮白為主，紫色為輔的衣著，就會讓你成為美麗動人的俏佳人／英俊帥氣的白馬王子。

簡易占卜法三

◆使用非慣用手依序抽出符文石。
◆取出後不放回已抽出的符文石。
◆適用狀況：隨時。
◆有效期限：依問題而定。

1.主牌　　2.輔助牌　　3.建議牌

◆範例
　明天穿什麼顏色及配飾可增加我的面試
　運程？

解：
明天的你不用過於擔心，以淡藍色穩重的色系去展現你
的最佳自信喔！

ᚠᚢᚦᚨᚱᚲᚷᚹᚺᚾᛁᛇ

盧恩符文
對應解說

�ᛋᚲᛃᛋᛏ�ᛒᛖᛗᚾᛚᛟᛞᛜ

豐饒 Fehu 飛虎

和風吹拂，
在鬆軟的地上冒出了初探大地的綠芽，
初生的枝芽慢慢地向上一節一節的伸展，
喚醒著惺忪睡眼的片片新葉，
也向下努力的植根沃土，蒂固根深。
無畏陽光的炙烈，無畏風雨的考驗，
執著向上，屹立挺拔。

是生氣蓬勃的象徵，綠意盎然！

主要對應的顏色

綠色系列
（草綠、青綠、鮮綠、墨綠）

 力量 Uruz 烏魯茲

如穩固的支架、門框。

主要對應的顏色

靛色、鐵灰、黑色等深色系

雷神 Thurisaz 瑟萊薩茲

像武器的符文（如：雷神之鎚）。

為黑暗中帶來一道亮光。

主要對應的顏色

銀、銀白

奧丁 Ansuz 安蘇茲

符號像電線杆。

訊息的傳遞。

主要對應的顏色

金屬色系

使徒 Raido 瑞斗

在大地上，
四處奔走傳達訊息的使者。

主要對應的顏色

土黃色、咖啡色

〈 烈火 Kenaz 肯納茲

是火把、是亮光、是溫暖、是希望。

光明的象徵，
充滿正面積極向上之能量。

主要對應的顏色

暖紅色、橙色

 奉獻 Gebo 吉福

如紅十字的符號。

無私之心不起漣漪。

主要對應的顏色

白色、湖水藍

歡愉 Wunjo 溫究

有如迎來勝利、開心的旗幟。

主要對應的顏色

紅色系列

颶風 Hagalaz 海格爾

擁有巨大破壞的力量的氣旋—颶風。

主要對應的顏色

深灰色

需求 Nauthiz 諾瑟斯

像拐杖從中間斷掉了一樣。

在艱困的狀況下祈求幫助，
直視自己最不喜歡的狀況。

主要對應的顏色

亮色系

冰雪 Isa 意沙

如攝氏零下溫度
結成的冰柱。

主要對應的顏色

亮色系

豐收 Jera 傑拉

麥穗實累之豐年祭上，
大家手拉著手，
圍著圓圈一起熱鬧歌舞。

主要對應的顏色

褐色

紫杉 Eihwaz 艾斯華茲

兩端如同鉤子作為兩端連結的橋樑。
就像是另一個空間、世界連接的管道。

對應著中脈七輪的頂輪。
（七輪的頂輪在平衡時是以紫色呈現）

主要對應的顏色

紫色

326

聖盃 Perthro 波斯若

把這符文轉個角度，
像是一種盛裝的器皿。

主要對應的顏色

類金屬材質
（金、銀、銅色…等）

保護 Algiz 亞吉茲

像一支掃把、一支耙子。

主要對應的顏色

卡其色

太陽 Sowilo 索威魯

兩個烈火「く」的符文的組合。

像太陽般的充滿能量，照耀大地。

在古代的圖騰裡，
象徵太陽烈焰的紋路。

主要對應的顏色

金黃色

↑ 戰神 Tiwaz 泰華茲

如戰士常使用的武器：箭、鎗。

主要對應的顏色

銀色、灰色

生育 Berkanan 伯卡納

生育的符文形狀像英文字母 B。

與它意義聯想的單字
如 Breast、Bra、Beauty、Born、Baby…等，
是象徵女性的符文。

主要對應的顏色

膚色

神駒 Ehwaz 愛華茲

有靈性的馬。

主要對應的顏色

乳白

人類 Mannaz 美那茲

像是脖子上打了一個領結。

是象徵男性的符文。

主要對應的顏色

黃、白、黑
依占卜人自身的種族特性區分
（例：黃種人→黃色）

水 Laguz 拉格茲

像從地下噴出來的水，
直直噴出，從旁落下。

主要對應的顏色

淡藍色

天使 Ingwaz 英格茲

撲克牌裡的◇鑽石。

主要對應的顏色

亮白

家庭 Othala 歐瑟拉

像將雙手合掌，
五指併攏後拱起的形狀。

賜予愛與呵護的感覺。

主要對應的顏色

暖色系列

黎明 Dagaz 達加茲

像無限大的符號。

開始也是結束。

主要對應的顏色

黑色

宇宙 Ward 沃德

是空白、是萬物起源(簡⇔繁)，
最原始、最純真的時候。

代表沒想法，腦袋空空，
或者是回到最初甚麼都沒有的狀態，
或還沒有開始的狀況，
就像一張白紙。

主要對應的顏色

白

10.考試補運建議

陣法介紹

☆★☆★☆★　占卜注意事項　★☆★☆★☆

一事不多占
多事不一占
啥事要清楚
期限要說明
跟隨心念轉

不窺探他人隱私

簡易占卜法一
　◆使用非慣用手，隨機抽取。
　◆適用狀況：隨時。
　◆有效期限：依問題而定。

簡易占卜法二

◆使用非慣用手依序抽出符文石。
◆取出後不放回已抽出的符文石。
◆適用狀況：隨時。
◆有效期限：依問題而定。

1. 主牌　　　2. 輔助牌

◆範例
這次考試我要注意什麼？

解：
飲食適量，保持規律生活，睡眠充足，保持腦袋清晰。
按部就班循序漸進，切記不可心急，並要多與師長或經
驗豐富的人多學習、溝通、交流，多吸取他人成功的經
驗，有助突破目前學習上面臨的狀況。考試之時將所學
的好好發揮，好好大展伸手囉！

簡易占卜法三

◆使用非慣用手依序抽出符文石。
◆取出後不放回已抽出的符文石。
◆適用狀況：隨時。
◆有效期限：依問題而定。

1.主牌　　2.輔助牌　　3.建議牌

◆範例

最近學習上遇到了瓶頸，我該怎麼辦呢？

解：

還是一句老話：「勤能補拙！」，男同學、男性友人、男老師或男性長輩在你的學習上會是貴人，多向他們學習成功的經驗，學會靈活運用、靈活思考，從自己有興趣的領域先開始，再按照著計劃準備，學習自然會比較有成效及效率。

簡易占卜法四

◆將袋裡所有的符文石放在手上
◆將符文石散落在同心圓（請使用書後附贈之
　A4 大小同心圓）
◆依據定義將落入同心圓最多的符文留下
　（如下頁範例）
◆適用狀況：隨時。
◆有效期限：依問題而定。

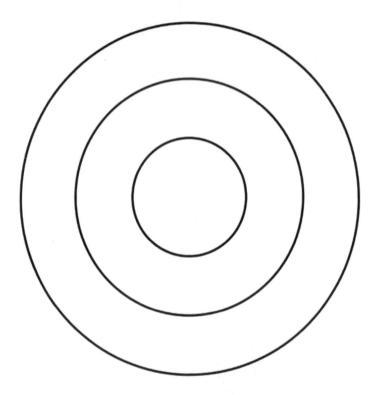

同心圓（示意圖）

範例

我的考試運往哪個方向會比較好呢？

定義圖中心點是住家，上面是北方，下面是南方，右邊是東方，左邊是西方

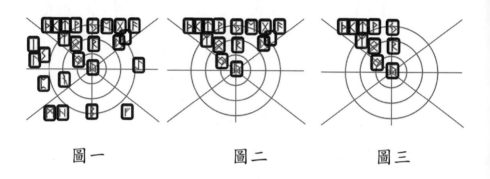

圖一　　　　　　圖二　　　　　　圖三

解：

從圖一的落點來看，全部 25 個符文石，主要落在北方，再將其他位置的符文石拿掉就更明顯，所以向北方考試運是最好的方向，東北方及西北方觀之，西北方的符文石更多於東北方的符文石，所以考試可選擇向北前進，西北方比東北方會稍微更有利些，但整體的大方向是不變的。

ᚠᚢᚦᚨᚱᚲᚷᚹᚺᚾᛁᛃ

盧恩符文
對應解說

ᛇᛈᛉᛊᛏᛒᛖᛗᛚᛜᛞᛟ

豐饒 Fehu 飛虎

象徵王者的符文，
是生氣蓬勃的象徵，
綠意盎然，根基穩固，
考試時穩定發揮即可，穩操勝算！

考試補運建議

學霸不怕，拿出平常水準就夠了。

服飾顏色建議：主要綠色系列、次要金黃色
飾品建議：綠螢石、白水晶、綠幽靈水晶、橄欖石、綠草莓、黃水晶、鈦晶
精油建議：乳香、玫瑰、檀香

力量 Uruz 烏魯茲

如穩固的支架、門框，
雖基本架構穩固，
但要避免死腦筋，不懂變通的狀況。

思考要適時地跳出現有的框架，
換位思考，學會靈活運用。

考試補運建議

勤能補拙，靈活多方思考運用，多學習別人的成功經驗，
學會靈活運用。

服飾顏色建議：靛色、鐵灰、黑色等深色系
飾品建議：彩彼得、彩幽、紫極光、木化石、拉長石
精油建議：乳香、芳樟、甜馬鬱蘭、羅馬洋甘菊

雷神 Thurisaz 瑟萊薩茲

像武器的符文（如：雷神之鎚），
要守住自己的專業知識或強項，
才能把住基本分數。

考試補運建議

不要急，好好冷靜思考，要守住自己的專業知識或強項，才能把握住基本分數，其實你很有實力。

服飾顏色建議：銀、銀白
飾品建議：白水晶、天鐵
精油建議：茉莉、檸檬、尤加利、永久花

奧丁 Ansuz 安蘇茲

符號像電線杆，
訊息的傳遞，表示要多元化的學習。

知識就是力量。

考試補運建議

睡飽很重要，什麼考題都難不倒。

服飾顏色建議：金屬色系
飾品建議：紫水晶、白阿賽斯特萊、黑金超七、白水晶
精油建議：薄荷、迷迭香、尤加利、檸檬

使徒 Raido 瑞斗

符文像在大地上四處奔走、
傳達訊息的使者。

多主動請教他人或尋找家教協助。

考試補運建議

可以找志同道合的讀書群，讀書有方法，一起進步。尋
找家教協助，有助進步。

服飾顏色建議：土黃色、咖啡色
飾品建議：紫水晶、紫幽、茶晶、虎眼石
精油建議：薰衣草、乳香、甜橙

‹ 烈火 Kenaz 肯納茲

是火把、是亮光、是溫暖、是希望，
是光明的象徵，
充滿正面積極向上之能量。

學習狀況漸入佳境，繼續加油！

考試補運建議

學習上保持積極向上的精神，學習自然會更好更有收獲
古云：「不飛則已，一飛沖天；不鳴則已，一鳴驚人。」
繼續加油！

服飾顏色建議：暖紅色、橙色
飾品建議：太陽石、紫黃晶
精油建議：甜橙、葡萄柚、桔、佛手柑、萊姆、檸檬、
橙花

奉獻 Gebo 吉福

無私之心不起漣漪，
幫助或陪同他人學習的同時，
也會有所收獲。

適時地協助他人，
別忘了自己也是要考試的人喔！

考試補運建議

雖然助人為快樂之本，在幫助別人的同時自己相對也會有所收獲，但也要記得為自己的考試好好規劃，努力準備！

服飾顏色建議：白色、湖水藍
飾品建議：海水藍寶、魔鬼海藍寶、孔雀石
精油建議：乳香、薰衣草、永久花、佛手柑、廣藿香

歡愉 Wunjo 溫究

符文有如迎來勝利、開心的旗幟，
但千萬別因此而放鬆，
因為準備的路才到一半，要繼續努力。

考試補運建議

千萬別因此而放鬆，因為準備的路才到一半，困難的還在後頭，要繼續努力。

服飾顏色建議：紅色系列
飾品建議：彩彼得、紅兔毛、彩極光、紅玉髓瑪瑙、彩幽、紫水晶
精油建議：薄荷、檸檬、迷迭香、廣藿香

颶風 Hagalaz 海格爾

不為外在的環境所影響，
調整自己的步調，
做好自己，按照計畫準備。

考試補運建議

你學習速度很快，能對所學有不同的見解，但要學習作好時間分配，按計畫進行。但別因為天氣冷熱而影響了身體健康及考試喔！

服飾顏色建議：深灰色
飾品建議：黑碧璽、黑曜石、木化石、拉長石、黑髮晶
精油建議：玫瑰天竺葵、薰衣草、絲柏、杜松漿果、羅馬洋甘菊

需求 Nauthiz 諾瑟斯

現在的狀況像拐杖從中間斷掉了一樣，
不要再畫地自限，
是時候請求同學或師長的協助。

考試補運建議

在學習上遇到了瓶頸，是需要向外求援的時候了，不論是去補習班補習，或是請家教指導，或是向學校師長提問…等都是好的方式。不要再畫地自限、自己思考摸索，要把握時間突破現有學習狀況喔！

服飾顏色建議：亮色系
飾品建議：超七水晶、粉水晶、彩極光、紫水晶、紫幽
精油建議：檸檬、廣藿香、佛手柑、羅馬洋甘菊、德國洋甘菊

冰雪 Isa 意沙

目前有如攝氏零下溫度
結成的冰柱的停止狀況，
要更有耐心深入去突破現有的狀況，
打破僵局。

考試補運建議

十-看起來目前所學的理解還不夠，需要更深入的思考、更進一步的了解及探究。

服飾顏色建議：亮色系
飾品建議：玉化天河石、白水晶、彩極光、紫水晶、紫幽
精油建議：玫瑰、杜松漿果

豐收 Jera 傑拉

豐收有如大家手拉著手圍著圓圈，
一起熱鬧歌舞的符號，
代表該收收心好好準備考試了。

只要定下心來準備，
是會有進步及收穫的。

考試補運建議

要收心好好念書了，生活該回歸到正常的學習生活了。

服飾顏色建議：褐色
飾品建議：紫幽、紫水晶
精油建議：絲柏、玫瑰天竺葵、大西洋雪松

紫杉 Eihwaz 艾斯華茲

兩端如同鉤子作為兩端連結的橋樑。
就像是另一個空間、世界連接的管道，
意指需要與師長或經驗豐富的人，
多學習、溝通、交流，
多吸取他人成功的經驗，
有助突破目前學習上面臨的狀況。

考試補運建議

有道是：「學而時習之不亦說乎？有朋自遠方來不亦樂乎」。汲取他人經驗觸類旁通是你的特長，多學習、多交流有助於視野的開闊，自能一展身手。

服飾顏色建議：紫色
飾品建議：紫水晶、紫幽、紫鋰輝石、彩極光、藍晶石
精油建議：薰衣草、乳香、檀香

聖盃 Perthro 波斯若

把這符文轉個角度 ，像是一種盛裝的器皿。
以烹調的相同思考邏輯，
套用在考試計畫推展，
如果先設定目標，計劃如何執行？

按部就班循序漸進，
切記不可心急，以免前功盡棄。

考試補運建議

肚飽眼皮鬆⋯，別補過頭了，應該多運動有助頭腦清晰。
按部就班循序漸進，切記不可心急，以免前功盡棄。

服飾顏色建議：類金屬材質（金、銀、銅色⋯等）
飾品建議：綠松石、紫水晶、白水晶
精油建議：廣藿香、天竺葵、佛手柑

保護 Algiz 亞吉茲

像一支掃把、一支耙子。

有點過於緊繃，
放鬆些，平常心就好。

考試補運建議

太緊繃了，放鬆些，平常心就好。

服飾顏色建議：卡其色
飾品建議：茶晶、綠松石、白水晶。
精油建議：玫瑰天竺葵、甜橙、薰衣草

太陽 Sowilo 索威魯

兩個烈火「く」的符文的組合，
像太陽般的充滿能量，照耀大地，
已完美達標。

別給自己太大的壓力，
反變成吹毛求疵喔！

考試補運建議

自我要求太高了，別給自己太大的壓力！

服飾顏色建議：金黃色
飾品建議：金太陽草莓、太陽石、黑金超七、白水晶
精油建議：絲柏、玫瑰天竺葵、薰衣草、玫瑰

↑ 戰神 Tiwaz 泰華茲

如戰士常使用的武器：箭、鎗，勇於執行。

朝著目標，做就對了。

考試補運建議

不要遲疑，朝著目標，做就對了。

服飾顏色建議：銀色、灰色
飾品建議：天河石、天鐵、黑金超七
精油建議：茉莉、甜馬鬱蘭、荳蔻、香桃木

生育 Berkanan 伯卡納

有如生育一般，
會有辛苦的過程。

吃苦當吃補，多認真準備，
在過程中不斷的重新檢討，做適時的調整，
最終自能達成。

考試補運建議

這是個要長期準備的考試，無法一步登天，需要長期至少一年以上的準備。在過程中要不斷的重新檢討，做適時的調整，十年寒窗無人問，一舉中榜天下知。加油！

服飾顏色建議：膚色
飾品建議：橙石榴、紫水晶、白水晶、紫黃晶
精油建議：杜松漿果、薰衣草、檸檬

神駒 Ehwaz 愛華茲

像有靈性的神馬，
有計劃有目標的執行，
就能有效率的達標。

考試補運建議

從選擇自己有興趣的開始，再按照著計劃準備，學習會
比較有成效及效率。

服飾顏色建議：乳白
飾品建議：天河石、白水晶
精油建議：尤加利、薄荷

人類 Mannaz 美邧茲

是象徵男性的符文，
透過男性友人或男性長輩的幫助，
會有正面的效果。

考試補運建議

得到男性友人或男性長輩的幫助，有正面的效果。

服飾顏色建議：黃、白、黑。
（依占卜人自身的種族特性區分，例：黃種人就是黃色）
飾品建議：白水晶、紫水晶、黑碧璽
精油建議：乳香、茶樹、大西洋雪松

水 Laguz 拉格茲

像它是從地下噴出來的水，
直直噴出，從旁落下。
可變性大，擁有無限的可能，
是聰明之人，
只要朝著自己想要的目標，
平穩前進就一定可以水到渠成。

考試補運建議

你是聰明之人，只要朝著自己想要的目標平穩前進，就一定可以水到渠成。

服飾顏色建議：淡藍色
飾品建議：紫水晶、超七水晶、彩極光、海水藍寶、白水晶
精油建議：橙花、玫瑰、永久花

天使 Ingwaz 英格茲

撲克牌裡的◇鑽石，
是天賦異稟之人，
正常發揮，努力終有所成。

考試補運建議

需要適當的休息，天資聰穎，正常實力足以應付。

服飾顏色建議：亮白
飾品建議：紫水晶、超七水晶、彩極光、彩彼得
精油建議：橙花、甜橙、天竺葵

家庭 Othala 歐瑟拉

像將雙手合掌，
五指併攏後拱起的形狀，
賜予愛與呵護的感覺，
是穩定的學習。

所有的學習都是為自己負責，
不是為了家人的期望才努力的喔！

考試補運建議

對自己交代，對自己負責，不是為了家人的期望。

服飾顏色建議：暖色系列
飾品建議：薔薇石、太陽石、草莓晶、紫水晶、白水晶
精油建議：玫瑰、天竺葵

黎明 Dagaz 達加茲

像無限大的符號，
是學無止境的象徵。

一次一次不斷地重複練習，
一次一次不斷地重複努力，學習永無止境。
多練習終究熟能生巧。

考試補運建議

人生嘛！要學的事情很多，這次沒考好，就下次再來囉
多練習終究熟能生巧。

服飾顏色建議：黑色
飾品建議：紫水晶、黑金超七、拉長石、黑碧璽
精油建議：玫瑰天竺葵、薰衣草

宇宙 Ward 沃德

是空白、是放空，
把頭腦回到最初甚麼都沒有想法的狀態，
或還沒有開始的狀況。

人生沒有永遠的勝利，
也沒有永遠的失敗，
考完就放下了，將心態歸零，
一切重新出發，又是新階段的開始。

考試補運建議

先放鬆一下，打球、唱歌、小旅行、打電動…等，短暫片刻或幾天的休息一下，讓腦袋瓜放空一下，有助靈活運用。

服飾顏色建議：白色
飾品建議：紫水晶、白水晶、月光石
精油建議：自由調配，均可，均無。

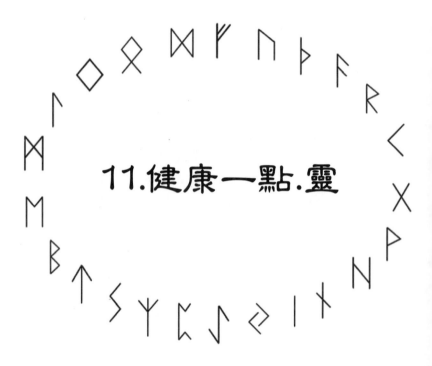

11.健康一點.靈

自我檢視的提醒。身體若有狀況,仍要尋求醫生的治療與協助、運動、規律飲食,正常的生活作息是健康身體的不二法門。

陣法介紹

☆★☆★☆★　　占卜注意事項　★☆★☆★☆

一事不多占
多事不一占
啥事要清楚
期限要說明
跟隨心念轉

不窺探他人隱私

★☆★☆★☆★☆★☆★☆★☆★☆★☆★

簡易占卜法一
◆使用非慣用手，隨機抽取。
◆適用狀況：隨時。
◆有效期限：依問題而定。

簡易占卜法二

◆使用非慣用手依序抽出符文石。

◆取出後不放回已抽出的符文石。

◆適用狀況：隨時。

◆有效期限：依問題而定。

1.主牌　　2.輔助牌

◆範例

我（女性）今年就要50歲了，目前除了三高的慢性病有吃藥外，身體健康上還需要注意哪方面的問題？

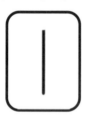 

解：

看起來慢性病的狀況，只要配合醫師的治療暫時不會有新的進展，但要注意停經以及更年期的症狀，要均衡飲食，避免熬夜，適度運動，生活規律避免度勞累，遠離壓力，減少情緒起伏的狀況，保持身心平衡，持續長期性的追蹤，自己的健康自己顧。

簡易占卜法三

◆使用非慣用手依序抽出符文石。

◆取出後不放回已抽出的符文石。

◆適用狀況：隨時。

◆有效期限：依問題而定。

1. 主牌　　　2. 輔助牌　　　3. 建議牌

◆範例

爸爸今年 81 歲了，他的健康需要注意哪方面的問題？

解：

上了年紀，身體代謝力變弱不如以往，也要注意消化系統脹氣的問題。上了年紀更要好好愛自己，多吃原形食物，也要規律的運動習慣活絡筋骨，亦要保持充足的睡眠、均衡飲食，別忘了也要定期做個健康檢查喔！

簡易占卜法四

◆將袋裡所有的符文石放在手上

◆將符文石散落在同心圓（請使用書後附贈之 A4 大小同心圓）

◆依據定義將落入同心圓最多的符文留下 （如下頁範例）

◆適用狀況：隨時。

◆有效期限：依問題而定。

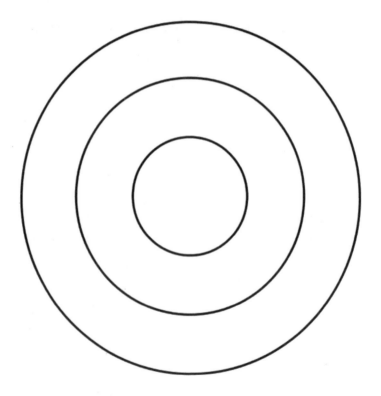

同心圓（示意圖）

範例

我適合往哪個方向就醫呢?

定義圖中心點是住家,上面是北方,下面是南方,右邊
是東方,左邊是西方

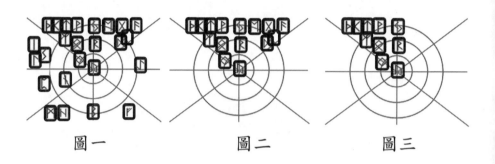

圖一　　　　　　　　圖二　　　　　　　　圖三

解:

從圖一的落點來看,全部 25 個符文石,主要落在北方,
再將其他位置的符文石拿掉就更明顯,所以向北方就醫
是最好的方向,東北及西北觀之,西北的符文石更多於
東北方的符文石,所以就醫可向北前進,西北比東北方
會稍微更有利些,但整體的大方向是不變的。

ᚠᚢᚦᚨᚱᚲᚷᚹᚺᚾᛁᛇ

盧恩符文
對應解說

ᛃᛈᛇᛉᛋᛏᛒᛖᛗᛚᛜᛟᛞ

豐饒 Fehu 飛虎

象徵王者的符文，
如電影魔法公主裡的山獸神一樣，
擁有能量卻孑然一身，
冷靜卻略顯孤獨。

健康一點.靈

對應：神經系統
神經系統由腦、脊髓以及附於腦脊髓的周圍神經組織組成。其間的連線錯綜複雜、環環相扣，與我們的日常生活息息相關。

健康提示：
平時要多靜養，避免日夜顛倒，也要注意睡眠不足的狀況，更要注意自律神經失調的問題。平時多加保養，別為了工作業績將健康豁出去喔！

力量 Uruz 烏魯茲

這個符文像是野牛的角，也像小刀刀片。
能量充沛、霸氣十足，責任感強，
但是野牛蠻橫、刀子銳利，
都容易不小心就傷到旁人。

健康一點.靈

對應：內分泌系統
內分泌系統是神經系統以外的一個重要調節系統，其功能是傳遞信息，讓身體可以穩定、調節身體新陳代謝、協調各種生理功能，並維持正常運作的重要關鍵。

健康提示：
除了三餐的均衡飲食，維持良好的睡眠習慣，盡量減少環境荷爾蒙的接觸外，更重要的是放鬆心情、遠離壓力、維持良好生活習慣，自然能避免不穩定的情緒，有助健康。

379

雷神 Thurisaz 瑟萊薩茲

像武器的符文（如：雷神之鎚），
為黑暗中帶來一道亮光。
願為弱小伸出援手卻又不讓任何人接近，
行為衝動，義氣當前，兩肋插刀，
為大義拋棄兒女私情，雖是有情亦是無情，
易信親友，欠缺思考。

健康一點.靈

對應：免疫系統
免疫系統廣布全身，錯綜複雜，是疾病防禦系統，是人體防禦病原體侵犯的功能，是重要的保衛系統。

健康提示：長期~已失調
腸胃失調、過敏、慢性疲勞、皮膚炎、感冒、頭痛都是身體免疫系統失衡常見的症狀。所以要改善這些問題，除了就醫之外，壓力釋放的學習、保持正常作息、避免過度勞累及睡眠不足，再加上規律的運動習慣及飲食均衡，才是自我提升免疫的最佳良藥。

奧丁 Ansuz 安蘇茲

符號像電線杆，
是訊息的傳遞者，可說是資訊之王。
雖然工作能力強，使命必達，擁有許多資源卻不近人
情，擁有智慧卻不懂變通，自我意識過高不懂檢討，
時常忽略周遭人的事情，是拼命三郎個性。

健康一點.靈

對應：神經系統
神經系統由腦、脊髓以及附於腦脊髓的周圍神經組織組
成。其間的連線錯綜複雜、環環相扣，與我們的日常生
活息息相關。

健康提示：
廢寢忘食滿腦子都是工作，腦筋動個不停，有越晚精神
越好的狀況。小心長期容易腦神經衰弱，也易造成各種
奇怪的症狀突然間同時出現。同時要避免因過度控制而
引起自律神經失調的問題。生活要學會「油門」、「煞
車」（適時地交換運用）並且規律的生活才能有助健康。

使徒 Raido 瑞斗

符號像在大地上四處漂泊，
居無定所的旅人。
也像是四處奔走傳達訊息、
考察市場的使者。

健康一點.靈

對應：消化系統之排便順暢或不順
消化系統包括消化道和消化腺兩大部分。其基本功能是
將食物中的營養物質分解成簡單易消化的結構，讓身體
能吸收，把未被吸收的殘渣部分，以糞便形式排出體外。

健康提示：
健康的腸道與肌膚、氣色、情緒都有連結，排便是否順
暢，直接反映了消化道的功能及身體健康的程度。建議
平時飲食中要增加纖維素的含量，若腸道有狀況，還是
要即時處理儘速就醫。

烈火 Kenaz 肯納茲

是希望、溫暖與光明的象徵。
充滿正面積極向上之能量，
溫和有耐心，富有同理心，
具有相當毅力，就算身陷困境依舊不放棄希望。

健康一點.靈

對應：呼吸系統之短期不適~感冒

呼吸系統由呼吸道、肺血管、肺和呼吸肌組成。協助氣體吸入體內並進行氣體交換的系統。呼吸系統會有許多機能保護，避免病原進入體內。

健康提示：

身體對體溫的調節能力差，常受到環境或天氣變化而產生影響，呼吸道最直接受衝擊，長時間冷熱差異，讓呼吸道變得敏感、虛弱，所以只要天氣一變化，或進入冷氣房，很容易出現的症狀就是咳嗽和打噴嚏。平時少吃冰品或冰水，減少對呼吸道黏膜的刺激，多喝溫開水，進出冷氣房時加戴口罩，多運動保持身體機能穩定，增進呼吸道順暢與肺活量提升。多運動保持身體能量的穩定，也有助改善冬天手腳冰冷的問題。

奉獻 Gebo 吉福

上天的禮物，Give(給予)，
任何難關都能克服，
有好消息發生。

健康一點.靈

對應：生殖系統之短期不適~經痛
生殖系統是體內和生殖密切相關的器官總稱，會依性別
而有顯著的差異，其功能是繁殖後代。

健康提示：
生殖器官的病變、身體瘦弱、精神憂鬱或生活壓力大都
容易產生症狀如：經痛，除了要配合醫師的治療外，平
常也要三餐正常，並以溫熱、清淡、少辛辣、避炸烤之
均衡飲食為優，正常作習，適度運動，保持心情愉快都
是增強抵抗力的好方法。在關心別人的同時，也要多關
心一下自己喔！

歡愉 Wunjo 溫究

符號像迎來勝利的旗幟，
但這只是中途站，
不是終點旗幟。

健康一點.靈

對應：消化系統之短期消化性潰瘍
消化系統包括消化道和消化腺兩大部分。其基本功能是
將食物中的營養物質分解成簡單易消化的結構，讓身體
能吸收，把未被吸收的殘渣部分，以糞便形式排出體外。

健康提示：
壓力大、過於焦慮，都是誘發消化性潰瘍的因子，其最
常見的是十二指腸潰瘍及胃潰瘍。因為腸胃不適的關係
短時間盡量以清淡且糊泥狀的食物為佳，纖維質及一些
不易消化的食物均應避免食用，也要平衡攝取足夠的營
養素。更重要的要學會放鬆、保持樂觀，避免經常熬夜，
養成規律運動習慣，長期性身心情緒管理也很重要，避
免消化性潰瘍再度誘發。

颶風 Hagalaz 海格爾

符號就颶風一樣
擁有巨大破壞的力量,
如可控制,反而是助力,
也代表事情是一體兩面。

健康一點.靈

對應:其他
(一種狀態:保持得宜/過往不良習慣一併爆發)

健康提示:
來自於工作與生活的壓力、焦慮、緊張和恐懼,一點一滴長時間的累積,容易造成一觸即怒,一擊而潰的情緒反應。沒有適時的抒發負能量,身體容易產生自由基,情緒的起伏不定,容易造成心血管負擔。平時讓負能量有所疏通,問題不要累積,心情保持平穩,把工作、生活與自己都維持在可控狀態,當一切處於平衡時,你的正面影響力將會漸漸展現。

需求 Nauthiz 諾瑟斯

符號像拐杖從中間斷掉了一樣，
就像在艱困的環境中，
唯一的支柱也斷裂。

健康一點.靈

對應：其他
（營養不足/缺乏某種物質）

健康提示：
飲食習慣對健康會產生極大的影響，飲食不均衡會造成營養不足或缺乏某種物質的現象。均衡六大類食物（全穀雜糧類、豆魚蛋肉類、蔬菜類、水果類、乳品類、油脂及堅果種子類）吃到建議量，才能達到營養的均衡。身體健康從均衡飲食做起。

冰雪 Isa 意沙

沒有行動力，停止的訊號。
凡事停滯不前，無任何進展，
要打破困境需要時間等待或機緣來臨。

健康一點.靈

對應：其他
（一種須要長期追蹤的狀態）

健康提示：
生病既耗時、耗神又耗力，有些時候，除了配合醫師的
治療外，還是需要耐心的。雖然暫時病情不會有進展，
但還是要多放寬心，努力運動、均衡飲食及充足的睡眠，
保持身心平衡，持續長期性的追蹤，自己的健康自己顧。

豐收 Jera 傑拉

符號就像麥穗實累之豐年祭上，
大家手拉著手圍著圈，
一起熱鬧歌舞。

忙碌但業績好。

健康一點.靈

對應：其他
（生活及飲食不要過度）

健康提示：
生活中值得慶祝的事情很多，如業績或目標達成，或心
情開心的時候，大多會用聚餐來慶賀。即使心情不好或
壓力大時，大多數的人也還是以吃喝來作為心理的補償
或購物來緩解不如意的情緒。有品質的生活不是非吃不
可，非買不可，生活上除了吃與購物外，看書、種花草、
散步、戶外健行或是志工活動…等，還有許多的小確幸
值得去體驗。

紫杉 Eihwaz 艾斯華茲

兩端如同鉤子
作為兩端連結的橋樑。
就像是另一個空間、世界連接的管道。
是溝通的管道。

健康一點.靈

對應：神經系統
神經系統由腦、脊髓以及附於腦脊髓的周圍神經組織組成。其間的連線錯綜複雜、環環相扣，與我們的日常生活息息相關。

健康提示：
擅於溝通的你，別因為過於追求完美而讓生活失去了重心，有時也要反觀自己，檢視一下自己的狀況。放鬆心情，平衡壓力，多冥想、多打坐都有助健康。

聖盃 Perthro 波斯若

把這符文轉個角度 ，像是一種盛裝的器皿。

很多事情正在醞釀中（是好的發展），
其中調味是自己可控制的，
但若鍋子打翻，所有調味毀於一旦，
試著補救能有機會救回。

健康一點.靈

對應：消化系統之長期狀態~脂肪肝
消化系統包括消化道和消化腺兩大部分。其基本功能是將食物中的營養物質分解成簡單易消化的結構，讓身體能吸收，把未被吸收的殘渣部分，以糞便形式排出體外。

健康提示：
肝臟中積聚過多脂肪的狀態。生活型態的改變、飲食控制和適量足夠的運動，才是預防或控制脂肪肝有效的方式，只有認真落實，才可以逐步逆轉。

保護 Algiz 亞吉茲

有很強大的保護性質。

捍衛家園，抵抗敵人，較有戒心。

對應：免疫系統之短期不適~快失調
免疫系統廣布全身，錯綜複雜，有著人體防禦病原體侵犯的功能，是重要的保衛系統。

健康提示：
腸胃失調、過敏、慢性疲勞、皮膚炎、感冒、頭痛都是身體免疫系統失衡常見的症狀。目前只是短暫性的狀況，非長期性的失衡。只要盡快就醫，即時釋放壓力、恢復正常作息、避免勞累及睡眠不足，再加上運動及飲食均衡，自然很快恢復原有的活力。如果能加上隔離修護、環境淨化那就更事半功倍了喔！

太陽 Sowilo 索威魯

充滿能量，
像太陽般的照耀大地。
代表著成功與愛、受到大家的注目。

健康一點.靈

對應：運動系統之長期狀態~骨質疏鬆
廣義的運動系統是由中樞神經系統、周圍神經和神經~
肌接頭部分；骨骼肌肉；心肺和代謝支持系統組成。
狹義的運動系統是由骨、關節和骨骼肌組成。運動系
統的功能有動作、支持與保護。

健康提示：
女性停經後、老年人、長期服藥、少日曬、抽菸、缺
乏運動…等都會造成鈣質缺乏、骨質疏鬆。健康的身
體從日常良好的生活習慣做起：戶外多走走、多運
動、多曬太陽，攝取足量的鈣，或補充一點維生素 D
（無日曬時），少菸酒，都能減少骨質流失、增加骨
密度。當然還是要小心行走，預防跌倒喔！

↑ 戰神 Tiwaz 泰華茲

擁有無比的勇氣去迎接挑戰及難關，
不要猶豫，往前邁進。

健康一點.靈

對應：運動系統之短期傷害~骨折、挫傷
廣義的運動系統是由中樞神經系統、周圍神經和神經~
肌接頭部分；骨骼肌肉；心肺和代謝支持系統組成。狹
義的運動系統是由骨、關節和骨骼肌組成。運動系統的
功能有動作、支持與保護。

健康提示：
擁有無比勇氣的你，還是要注意莽撞容易造成受傷，出
入也要多注意安全，小心不衝動，自能保安康！

生育 Berkanan 伯卡納

符號像懷孕的母親，也像兩座山峰，
有如生育一樣會有辛苦的過程，
意味著重新審視目標。

健康一點.靈

對應：生殖系統之長期徵狀~經期不順、生育
生殖系統是體內和生殖密切相關的器官總稱，會依性別
而有顯著的差異，其功能是繁殖後代。

健康提示：
經期不順可能是內分泌失衡，身體異常的警訊。經期不
順時要儘速就醫。自己也要均衡飲食，避免熬夜，適度
運動，生活規律避免過度勞累，遠離壓力，減少情緒起
伏的狀況。這樣身體的內分泌自然會平衡。

神駒 Ehwaz 愛華茲

這個符文像是英文的 M，牠是一匹集靈性與聰明才智於一身、腳踏實地的「神駒」。有計劃有目標的執行，有逐步發展和穩定進步的寓意。

健康一點.靈

對應：淋巴系統之短期~淋巴阻塞/缺乏運動
淋巴系統是由淋巴、淋巴管與淋巴結所組成的循環系統，有協助免疫的功能。淋巴能自己搬運身體代謝的老化廢棄物及過濾有毒性的物質。

健康提示：
長時間久坐不動會讓身體維持在相同的姿勢，如果加上緊張的壓力，就會讓肌肉變得緊繃僵硬，這樣很容易阻礙淋巴循環。運動是改善淋巴循環阻塞的最佳方法，先從多伸展、多走動、多喝水、多按摩…開始生活習慣的改變，像規律的運動、勤喝水、有氧運動及跳躍動作，這些都可以加速淋巴循環喔！

人類 Mannaz 美那茲

複雜→人心難測，
複雜的程度，有時連自己也猜不透自己。

健康一點.靈

對應：呼吸系統之長期~支氣管炎
呼吸系統由呼吸道、肺血管、肺和呼吸肌組成。協助氣體吸入體內並進行氣體交換的系統。呼吸系統會有許多機能保護，避免病原進入體內中。

健康提示：
PM2.5、抽菸、二手煙、汽機車廢氣、空氣汙染…等都容易導致肺功能變差，所以戒菸、減少二手煙、少出入公共場所，或避免處於煙霧瀰漫的環境、適當運動、注意保暖…等，都有助於呼吸系統的預防及改善。

水 Laguz 拉格茲

水沒有一定形狀，但本質是不變的。
可變化成各種型態，卻又不固定，
看似風趣實則花心，
點子天馬行空、創意無限、創新的想法和思維，
可塑性很高。

健康一點.靈

對應：泌尿系統
泌尿系統由腎、輸尿管、膀胱和尿道組成。其主要功能是將新陳代謝中產生的廢物和多餘的液體排出，並保持體內環境的平衡和穩定。

健康提示：
你是否水喝太少或有憋尿的狀況呢？這樣泌尿系統是會發炎的喔！建議每日至少 2000CC 以上的水量攝取，才能促進尿液排出。如果排尿時有疼痛、燒灼感或頻尿、急尿、血尿…等症狀要儘速就醫，避免拖太久危及生命或反覆發作喔！

天使 Ingwaz 英格茲

成功結局。
這是一個象徵大豐收的牌。
過去的辛勞，都轉化為甜美果實，
呈現給付出過努力的自己。

健康一點.靈

對應：其他
（一種狀態：過勞／多愛自己）

健康提示：
過勞雖非疾病，但卻是一種在無形中長期累積的身體疲憊狀態。過勞時，身體自然會出現一些警訊，如：眼睛乾澀、肩頸痠痛僵硬、記憶力突然減退、注意力無法集中、突然快速掉髮、緊張焦慮出現的頭暈頭痛、突然出現口臭、情緒起伏…等，都是過勞的反應。生活要過，但別每天都像陀螺一樣，機器都需要休息更何況是人。所以除了要設法減少工作時間，舒緩壓力，亦要保持充足的睡眠、均衡飲食、固定運動，別忘了平時要多愛自己，也要定期做健康檢查喔！

家庭 Othala 歐瑟拉

符文就像用雙手保護自己家人，
責任心重，為了家庭願意付出一切。

健康一點.靈

對應：消化系統之短期不適~脹氣
消化系統包括消化道和消化腺兩大部分。其基本功能是
將食物中的營養物質分解成簡單易消化的結構，讓身體
能吸收，把未被吸收的殘渣部分，以糞便形式排出體外。

健康提示：
壓力會使人緊張而肌肉緊繃，導致腸胃蠕動變慢產生腹
脹。避免把壓力帶上餐桌，不要邊吃東西邊聊天。運動
散步、活絡筋骨，能順暢消化系統。健康的飲食及生活
習慣能預防脹氣。

黎明 Dagaz 達加茲

看著符文，是不是很像無限循環的標誌呢？
是開始也是結束，事情反覆重演，
是好還是不好只在一念之間，
好的方向是越來愈強大，
壞的方向是越來越糟糕。
這表示同一件事情，一直重複、毫無間斷。

健康一點.靈

對應：循環系統之長期狀態~代謝
循環系統主要由心臟、血液和血管組成，是負責血液循環，在細胞間傳送養分、氧氣、二氧化碳、荷爾蒙及血球的生物系統。它輸送熱量到身體各部以保持體溫，輸送激素到靶器官以調節其功能。

健康提示：
當日積月累，身體組成改變時：如心情鬱悶、皮膚乾燥、時常疲勞、指甲變脆弱、經期異常、易冷、易掉髮、便秘、時常頭痛或忘東忘西，這些反覆的狀況都說明了代謝已變差了。遠離加工食品，多吃原形食物，再加上規律的運動習慣都有助提升代謝喔！

宇宙 Ward 沃德

無限可能，
代表什麼都有，也可能什麼都沒有。

萬物的起源，
最原始、最純真的時候，
也代表沒想法，隨波逐流，
但卻能發展出上千萬的方向。

健康一點.靈

對應：全
（包含所有的運動、消化、呼吸、泌尿、生殖、內分泌、
免疫、神經及循環系統）

健康提示：
身體算是健康又平衡的狀態，好好保持規律的運動及正
常的三餐作息，人生要健康，還是得靠自己。繼續加油！

12.尋覓啓示錄
(人、物…)

陣法介紹

一事不多占
多事不一占
啥事要清楚
期限要說明
跟隨心念轉

不窺探他人隱私

★☆★☆★☆★☆★☆★☆★☆★☆★☆★

簡易占卜法一

◆使用非慣用手，隨機抽取。

◆適用狀況：隨時。

◆有效期限：依問題而定。

簡易占卜法二

◆使用非慣用手依序抽出符文石。
◆取出後不放回已抽出的符文石。
◆適用狀況：隨時。
◆有效期限：依問題而定。

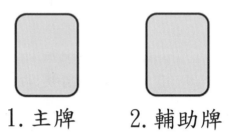

1. 主牌　　　2. 輔助牌

◆範例
　我這週可以找到走失的狗狗嗎？

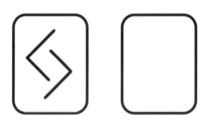

解：
看起來雖然感覺會有消息，但看起來不用再找了，一切歸零，重新開始。可以養新的，也可以不再飼養。好好調整一下自己的情緒吧！

簡易占卜法三

◆使用非慣用手依序抽出符文石。
◆取出後不放回已抽出的符文石。
◆適用狀況：隨時。
◆有效期限：依問題而定。

1. 主牌　　2. 輔助牌　　3. 建議牌

◆範例
　未來三個月我能找到理想的住家嗎?

解：
需要擴大區域和放寬條件尋找，或是眼光放長遠去思考。
找房子的事情會正向發展，會有正面的結果。會有進度，
但需要堅持底線(預算)，否則會看到超出預算的房子！
買房還是要看自己後面付款的能力，避免失控喔！

ᚠᚢᚦᚨᚱᚲᚷᚹᚺᚾᛁᛃ

盧恩符文
對應解說

ᛊᛖᚲᛃᛋᛏᛒᛗᛊᚾᛚᛟᛞᛝ

豐饒 Fehu 飛虎

財富權力的表徵。

象徵王者的符文，
如電影魔法公主裡的山獸神一樣，
擁有能量卻孑然一身，
冷靜卻略顯孤獨。

尋覓啟示錄（人、物…）

失物（包含錢）：
回想一下戶外常去運動散步的地方找找。

寵物：
野外，常帶牠出去散步放風的地方。

房子：
郊區，別墅型，或接近公園比較適合。

力量 Uruz 烏魯茲

這個符文像是野牛的角，也像小刀刀片。
能量充沛、霸氣十足，責任感強，
但是野牛蠻橫、刀子銳利，
都容易不小心就傷到旁人。

尋覓啟示錄（人、物…）

失物（包含錢）：
掉進縫隙較大的洞，或習慣放的抽屜或櫃子。

寵物：
落入別人的陷阱中。在別人家。

房子：
不要固執自己的偏好，多看看多比較。

雷神 Thurisaz 瑟萊薩茲

像武器的符文（如：雷神之鎚），為黑暗中帶來一道亮光。

願為弱小伸出援手卻又不讓任何人接近，行為衝動，
義氣當前，兩肋插刀，為大義拋棄兒女私情，
雖是有情亦是無情，易信親友，欠缺思考。

尋覓啟示錄（人、物…）

失物（包含錢）：
與壞掉的東西一起被丟了，很難找得回來。

寵物：
被雷聲嚇到躲起來了。附近有施工的聲音太大而害怕躲
起來了。

房子：
不要太堅持一定要完全符合條件，放寬標準也許會有意
外的收穫。

奧丁 Ansuz 安蘇茲

符號像電線杆，
是訊息的傳遞者，可說是資訊之王。

雖然工作能力強，使命必達，擁有許多資源卻不近人
情，擁有智慧卻不懂變通，自我意識過高不懂檢討，
時常忽略周遭人的事情，是拼命三郎個性。

尋覓啟示錄（人、物…）

失物（包含錢）：
多蒐集遺失前有脈絡可循的資訊，分析後會有清楚的方
向。

寵物：
需要借助多媒體網路社群工具尋找。

房子：
多蒐集相關資料，多分析優劣條件，找出符合需求的。

使徒 Raido 瑞斗

符號像在大地上四處漂泊，
居無定所的旅人。
也像是四處奔走傳達訊息、
考察市場的使者。

尋覓啟示錄（人、物…）

失物（包含錢）：
問問常常互動的朋友，可能不小心誤取或夾帶走了。

寵物：
時常走動的地方多問問，帶著照片會更有效果，會有好
消息。

房子：
目前沒有適合定下來的，過一段時間再繼續找找、看看
吧！

烈火 Kenaz 肯納茲

是希望、溫暖與光明的象徵。

充滿正面積極向上之能量，
溫和有耐心，富有同理心，
具有相當毅力，就算身陷困境依舊不放棄希望。

尋覓啓示錄（人、物…）

失物（包含錢）：
不要急著放棄，需要花點時間和耐心，還有希望。

寵物：
不要急著放棄，需要花點時間和耐心，還有希望。

房子：
好事多磨，需要花點時間和耐心。

奉獻 Gebo 吉福

上天的禮物，Give(給予)，
任何難關都能克服，
有好消息發生。

尋覓啓示錄（人、物⋯）

失物(包含錢)：
就當作找不回來了，當作是捐出去了，哪天有緣時自會
出現。

寵物：
有好消息發生，靜候佳音。

房子：
多做好事，能如願以償。

歡愉 Wunjo 溫究

符號像迎來勝利的旗幟，
但這只是中途站，
不是終點旗幟。

尋覓啓示錄（人、物…）

失物（包含錢）：
身外之物都是小事，小東西別放在心上。

寵物：
可以找得回來，但需要有心理準備…後續會面臨的問題…（醫療或情感）

房子：
只是暫時安身，無法長住久安。

颶風 Hagalaz 海格爾

符號就颶風一樣
擁有巨大破壞的力量，
如可控制，反而是助力，
也代表事情是一體兩面。

尋覓啓示錄（人、物…）

失物（包含錢）：
壓力很大，先想想替代方案，讓損失在可控範圍內。

寵物：
不要慌，先冷靜，好好回想事情發生經過，不要帶著情緒去處理。無論結果為何，理性面對很重要。

房子：
不要意氣用事喔！寧缺勿濫，理性！理性！

需求 Nauthiz 諾瑟斯

符號像拐杖從中間斷掉了一樣，
就像在艱困的環境中，
唯一的支柱也斷裂。

尋覓啟示錄（人、物⋯）

失物（包含錢）：
把自己能做的做完，再尋求幫助。

寵物：
把自己能做的做完，再尋求幫助。

房子：
需要好好做功課，瞭解完整的需求是什麼，重點需求是
什麼，再尋找符合條件的標的物加以分類確認。

冰雪 Isa 意沙

沒有行動力，停止的訊號。
凡事停滯不前，無任何進展，
要打破困境需要時間等待或機緣來臨。

尋覓啟示錄（人、物…）

失物(包含錢)：
沒有進展，急不得，再想想其他的地方，還需要時候等
待機會的到來。

寵物：
沒有進展，急不得，再想想其他的地方，還需要時候等
待機會的到來。

房子：
沒有進展，急不得，再想想其他的地方，還需要時候等
待機會的到來。

豐收 Jera 傑拉

符號就像麥穗實累之豐年祭上，
大家手拉著手圍著圈，
一起熱鬧歌舞。

尋覓啟示錄（人、物…）

失物（包含錢）：
會有好消息，但別高興得太早，這不一定是最終的結果。

寵物：
會有好消息，但別高興得太早，這不一定是最終的結果。

房子：
要仔細確認過自己的能力範圍，別只是為了一時開心
而衝動。

紫杉 Eihwaz 艾斯華茲

兩端如同鉤子
作為兩端連結的橋樑。
就像是另一個空間、世界連接的管道。
是溝通的管道。

尋覓啓示錄（人、物…）

失物(包含錢)：
換個角度思考可能的原因。馬路上或是曾經路過的通道。

寵物：
需要擴大區域尋找，可能需要跨區域。馬路上或是有經過的通道。

房子：
需要擴大區域和放寬條件尋找，或是眼光放長遠去思考。

聖盃 Perthro 波斯若

把這符文轉個角度 ⌣ ，像是一種盛裝的器皿。

很多事情正在醞釀中（是好的發展），
其中調味是自己可控制的，但若鍋子打翻，
所有調味毀於一旦，試著補救能有機會救回。

尋覓啟示錄（人、物⋯）

失物（包含錢）：
在容器裡，可能是箱子或櫃子。

寵物：
多盡人事（親自尋、貼網路、廣告、貼尋寵物、多做善事⋯
等），用心尋找，會有轉機。

房子：
需要收斂一下條件和標的。

保護 Algiz 亞吉茲

有很強大的保護性質。

捍衛家園，抵抗敵人，較有戒心。

尋覓啟示錄（人、物…）

失物(包含錢)：
屋子先打掃整理，進行過程中有可能就找到了。

寵物：
現在無法回來，有被限制自由的狀況（落入別人的陷阱中、被帶走、被抓了、被動物之家關起來…等）。

房子：
在自己熟悉的地盤。

太陽 Sowilo 索威魯

充滿能量，
像太陽般的照耀大地。
代表著成功與愛、受到大家的注目。

尋覓啓示錄（人、物⋯）

失物(包含錢)：
睜大眼睛在小地方仔細找找。

寵物：
不要太擔心，事情會正向發展，會有正面的結果。

房子：
事情會正向發展，會有正面的結果。

423

戰神 Tiwaz 泰華茲

擁有無比的勇氣去迎接挑戰及難關，
不要猶豫，往前邁進。

尋覓啓示錄（人、物⋯）

失物（包含錢）：
勇敢面對後續問題，勇敢負起責任。

寵物：
不論結果如何，勇敢面對才是解決的根本。

房子：
不要猶豫，找就對了。

生育 Berkanan 伯卡納

符號像懷孕的母親，也像兩座山峰，
有如生育一樣會有辛苦的過程，
意味著重新審視目標。

尋覓啓示錄（人、物…）

失物（包含錢）：
仔細找找物品原來放置的地方，有可能被其他的東西覆蓋住了。

寵物：
尋回有難度。回到牠的故鄉，看看牠的兄弟姊妹，一解相思之情吧！

房子：
不要找離女性家人太遠的地方，方便相互照顧。

神駒 Ehwaz 愛華茲

這個符文像是英文的 M，
牠是一匹集靈性與聰明才智於一身、
腳踏實地的「神駒」。

有計劃、有目標的執行，
有逐步發展和穩定進步的寓意。

尋覓啟示錄（人、物…）

失物（包含錢）：
有希望快速有效率的尋回，除非根本不想找。

寵物：
有希望快速有效率的尋回，除非根本不想找。

房子：
有希望快速有效率的找到，除非根本懶得找。

人類 Mannaz 美那茲

複雜→人心難測，
複雜的程度，有時連自己也猜不透自己。

尋覓啓示錄（人、物⋯）

失物（包含錢）：
狀況很複雜，需要釐清來龍去脈的細節。

寵物：
狀況很複雜，需要釐清來龍去脈的細節。

房子：
需要客觀多聽多評估。

水 Laguz 拉格茲

水沒有一定形狀，但本質是不變的。

可變化成各種型態，卻又不固定，
看似風趣實則花心，
點子天馬行空、創意無限、創新的想法和思維，
可塑性很高。

尋覓啓示錄（人、物…）

失物（包含錢）：
已錯過了尋找的黃金時間，不容易找回來，要有心理準
備可能找不回來了。

寵物：
已錯過了尋找的黃金時間，不容易找回來，要有心理準
備可能找不回來了。

房子：
會有進度，需要堅持底線（預算），否則會容易失控。

天使 Ingwaz 英格茲

成功結局。
這是一個象徵大豐收的牌。
過去的辛勞，都轉化為甜美果實，
呈現給付出過努力的自己。

尋覓啓示錄（人、物…）

失物（包含錢）：
皇天不負苦心人，辛苦終有好的結果。

寵物：
皇天不負苦心人，辛苦終有好的結果。

房子：
皇天不負苦心人，辛苦終有好的結果。

家庭 Othala 歐瑟拉

符文就像用雙手保護自己家人，
責任心重，為了家庭願意付出一切。

尋覓啟示錄（人、物…）

失物(包含錢)：
應該沒有丟掉，只是一時忘記放哪裡了。

寵物：
感情跟家人一樣無法割捨，但需放下的總要放下。

房子：
家中成員的需求都是同等重要的，需要一一考慮進去。

黎明 Dagaz 達加茲

看著符文，是不是很像無限循環的標誌呢？
是開始也是結束，事情反覆重演，
是好還是不好只在一念之間，
好的方向是越來愈強大，壞的方向是越來越糟糕。
這表示同一件事情，一直重複、毫無間斷。

尋覓啟示錄（人、物…）

失物(包含錢)：
問題重複發生，是不是有些習慣需要調整比較好。

寵物：
詢問或網路上查詢任何曾尋找的經驗，都有助於寵物的尋覓。

房子：
詢問或網路上查詢任何曾尋找的經驗，都有助於房子的尋覓。

宇宙 Ward 沃德

無限可能，
代表什麼都有，也可能什麼都沒有。
萬物的起源，
最原始、最純真的時候，
也代表沒想法，隨波逐流，
但卻能發展出上千萬的方向。

尋覓啟示錄（人、物…）

失物（包含錢）：
忘了過去，重新開始。

寵物：
一切歸零，重新開始。可以養新的，不用再找了。也可以不再飼養。飼主自己的心態也需要調整成一切重新開始。

房子：
需要有點想法，例如：預算、需求條件、交通距離位置…

後記與感謝

　　人生中每一段經歷都會有其巧妙的安排，雖說在 2017 年初次接觸盧恩符文，2019 年在某次特別的緣份裡，被上天要求寫出這本書，但自認才疏學淺，不足以擔任此一重任，一直拖延至今。

　　其中經過多次多方的溝通及協助，得以在今年四月底始動筆，並在多位好友的推波助瀾下，以驚人之速讓這本延宕多日的《盧恩符文初階占卜手冊》能有機緣呈現。

　　在此，特別感謝李莉娟小姐的監製及大力協助，莊美娥小姐快速地神筆插圖，謝慧貞小姐日以繼夜地編排及校閱，以及張〇方、曾〇蓁及甘〇惠三位不願具名的幕後功臣人員。還有很多一直鼓勵與在旁協助的好友們文容抱持著萬般感激。

　　《莊子·則陽》：「丘山積卑而為高，江河合水而為大。」願此一聚沙成塔的新開始，能有助世人，文容亦會努力後續，謹慎呈現。

陳文蓉敬上

433

參考文獻

1. Runes,檢自 https://en.wikipedia.org/wiki/Runes (April 24, 2022)

2. Nigel Pennick(1995)，Runes et magie: histoire et pratique des anciennes traditions runiques, 第 130 期，for indexing. Retrieved from https://books.google.com.tw/books?id=u3IG5o47tyoC&pg=PA23 7&lpg=PA237&dq=les+demi+mois+runiques&source=bl&ots=9F fpcolujE&sig=ACfU3U1KP6OQXCVJO-E1tk-53M4wLw78Tg&hl=zh-TW&sa=X&ved=2ahUKEwiiyrG6q9X4AhWIad4KHaiLA84Q6AF6 BAhKEAM#v=onepage&q=les%20demi%20mois%20runiques&f =false (May 16, 2022)

3. 中文百科 - 人體九大系統。檢自 https://www.newton.com.tw/wiki/%E4%BA%BA%E9%AB%94 %E4%B9%9D%E5%A4%A7%E7%B3%BB%E7%B5%B1 (Jun.08, 2022)

4. HOW TO CALCULATE YOUR VIKING BIRTH RUNES? 檢自 https://haquil.com/blogs/viking/how-to-calculate-your-viking-birth-runes (Jun.10, 2022)

5. Runic Half-Months, 檢自 http://www.therunesite.com/runic-half-months/ (Jun.11, 2022)

書　　　名：盧恩初階占卜手冊
作　　　者：陳文容
監製企劃：李莉娟
編輯協力：謝慧貞
封面繪圖：曾驛棻
內頁繪圖：莊美娥

出 版 者：陳文容
發 行 者：陳文容
責任編輯：陳文容
地　　　址：新竹市金山街 177 號
電　　　話：03-5788119
出版年次：2022 年 9 月
版(刷)次：初版（1 刷）
印刷製版：明易印刷有限公司
電　　　話：04-27060857
售價：350 元
ISBN：978-626-01-0417-7